PHILOSOPHY OF LAW:
THE FUNDAMENTALS

# 法哲学基本原理

[美] 马克·C.墨菲(Mark C. Murphy) ————著

周发财 ————译

当代世界出版社
THE CONTEMPORARY WORLD PRESS

献给菲尼安·托马斯

for Finnian Thomas

# 致　谢

要不是"布莱克威尔哲学基本原理"（Blackwell's Fundamentals of Philosophy）系列丛书的总编辑艾尔·马丁内奇（Al Martinich），我不可能有写一个法哲学导论的想法。我很感激他让我承担这个任务，以及他对文稿的批评和评论。我还要感谢布莱克威尔出版社的编辑人员，尤其是杰夫·迪恩（Jeff Dean）和丹妮尔·德斯科托（Danielle Descoteaux），感谢他们为本书的改进和推动提供的帮助。在这本书写作的重要节点——提案阶段、完成初稿、接近完成——他们请求了审阅人的帮助，审阅人的贡献对我非常有价值。虽然在学术界，这些审阅人通常是匿名的，但我希望他们知道我对他们愿意承担这一工作的感激之情。我也非常感谢项目经理珍妮·罗伯茨（Jenny Roberts），她在制作过程中对稿件的理解表现出了非凡的细心和优秀的判断力。

在某种程度上这本书设法吸引读者，帮助他或她了解法律哲学版图的主要轮廓，我要感谢我在乔治敦大学法哲学课程上的学生，他们非常直率地让我知道哪些表达观点的方式是清晰明了的，哪些不是。特别感谢 2004 年秋季班上的学生，作为课程阅读他们阅读了本书的初稿，并给我提供了有用的反馈。[我尤其要感谢布莱恩·格里芬（Brian Griffin）、马特·米德尔顿（Matt Middleton）和贝丝·穆勒（Beth Mueller），他们的评论带来了本书实质性的重写。]这学期我还有幸旁听了我同事罗宾·韦斯特（Robin West）在乔治敦法律中心的侵权法课程，我确信我理解侵权法哲学的方式深受罗宾侵权法学说框架的影响，我应该感谢她，因为她忍受了一位哲学教师的存在。

一如既往，本书的写作最应该感谢的就是我的妻子珍妮特（Jeanette）。在写作初稿的那个学期，我的日程安排异常繁忙。虽然对我来说这是一段智力上令人兴奋的时光，但对我的妻子来说，结果却是承担了绝大部分无聊的家务活，以她特有的幽默和优雅肩负重任。虽然宽容只是她的众多优点之一，但却是在这件事中表现显著的美德。

马克·C. 墨菲<br>弗吉尼亚州赫恩登<br>2005 年 9 月 30 日

# 目 录

致 谢     I

导 论     1

    0.1 哲学：熟悉与陌生     1

    0.2 我们有何种法的常识？     4

    0.3 我们的研究进路     11

    延伸阅读     14

## 第1章 分析的基本原理：法的概念     15

    1.1 问题及其重要性     15

    1.2 基础奥斯丁主义     18

    1.3 实证主义的教训     27

    1.4 哈特的实证主义     28

    1.5 插曲：强实证主义和弱实证主义     34

    1.6 自然法理论     38

    1.7 一个供参考的解决办法     47

    延伸阅读     49

## 第 2 章　规范性基本原理：典型法律制度的基本角色　54

2.1　何谓典型法律制度的基本角色？　54
2.2　臣民角色　58
2.3　立法者角色　69
2.4　法官角色　75
延伸阅读　85

## 第 3 章　法的目的　88

3.1　法的目的与公共利益　88
3.2　损害他人原则　90
3.3　对损害他人原则的挑战　95
3.4　道德立法　106
延伸阅读　118

## 第 4 章　刑法的性质和目的　121

4.1　法律规范的类型　121
4.2　罪与罚　122
4.3　刑罚的两种规范理论　125
4.4　正当理由和谅解理由　142
延伸阅读　153

## 第 5 章　侵权法的性质和目的　158

5.1　侵权行为与犯罪　158
5.2　侵权行为与损害赔偿　158
5.3　过失侵权的经济解释和正义解释　160

5.4　过失侵权的要素　　167

　　5.5　损害赔偿　　184

　　5.6　故意侵权和严格责任侵权　　188

　　延伸阅读　　192

第6章　挑战法律　　198

　　6.1　对法律角色问题的思考　　198

　　6.2　挑战臣民角色：哲学无政府主义　　199

　　6.3　挑战立法者角色：马克思主义、女性主义法律理论、批判种族理论　　207

　　6.4　挑战法官角色：美国法律现实主义、批判法学研究　　214

　　延伸阅读　　223

索　引　　228

# 导　论

> 古往今来人们开始哲理探索，都应起于对自然万物的惊异。
> ——亚里士多德《形而上学》（982b15）
> 通常的研究路线是从对我们来说较为易知和明白的东西入手。
> ——亚里士多德《物理学》（184a17）

## 0.1　哲学：熟悉与陌生

亚里士多德说，哲学始于惊异，但系统研究的出发点在于什么是"对我们来说较为易知和明白的"——什么是最熟悉的。有人可能会认为这两个说法并不很相符，因为通过肯定两者，我们似乎可以得出结论：熟悉的事物产生惊异。但是，难道惊异不是来自于陌生吗？让我们在游乐园里体验惊异的不是洗衣服，而是坐过山车；让我们在电影院里体验惊异的不是观看充满日常生活琐事的电影，而是蜘蛛侠在摩天大楼之间穿梭。然而，事实证明，亚里士多德的这两句话一起表达了包括法哲学在内的全部哲学领域的一个重要真理：虽然哲学的起点是极度熟悉，但这些熟悉的起点产生不寻常的问题和观点。

哲学的领域都从熟悉的事物开始，向着陌生行进。仅举一个例子：哲学中的认识论。认识论是对知识和信念的研究。当一个人开始研究认识论领域的问题时，通常不会从那些古怪的难题开始（"我怎么知道我正在经历的不是一个梦？""我怎么知道我不是正被一个邪魔欺骗？""我怎么知道世界不是五分钟前形成的？"——诸如此类），而是从那些所有人都认同的、日常的和现实的信念开始。我们认同我们相信某些事情而不相信其他事情，还有其他一些我们既不相信也不否认的事情。我们认同有时我们相信什么是假的，或者不相信什么是真的。我们认同某些信念胜于其他信念——有些信念是愚昧的，其他信念是审慎的；有些信念是不合理的，其他信念是合理的；有些信念是愚蠢的，其他信念是明智的——某些信念（虽然不是全部）是如此之好，以至于可以作为知识。我们认同我们的信念可以通过多种方式得到支持——通过感觉体验，通过他人的证明，通过记忆，通过逻辑。一个人讨论认识论不是空手而来的，而是带着一些关于信念的普遍真理，它们是我们所有人似乎都认可的，是没有争议的，几乎不需要评论。我们可以把这些毫无争议的主张称为常识（commonplaces），于是我们可以总结说认识论的出发点是信念常识（commonplaces about belief）。

现在，如果信念常识不仅是起点，而且是中点和终点，那么认识论将是一个极度无聊的事业。但事实并非如此，因为常识产生了自己的问题。什么样的信念才能得到证据"支持"？（此刻您能提供一个让自己满意的解释吗？）所有信念都需要支持吗？（您能为您持有的每一个信念提供证据吗？）不同种类的证据到底如何支持信念？（毕竟我们都知道我们的感觉、证据和记忆都可能使人误解。）知识和单纯的信念到底有什么区别？（并非所有相信的事物都是已知的：如果一个相信地平说的人和一个相信地圆说的人对峙，各自都认为自己的观点是正确的，但其中至少有一个是没有知识的。）此外，信念的各种常识之间也存在紧张关系。

例如，我们都认同人们可能因为他们的信念而受到赞扬或指责。但是我们也认同信念不是可以随意召唤的那种东西，它们并不是我们直接控制的。如果人们的信念不受他们的直接控制，那么怎么能因为他们的信念而称赞或指责他们呢？

反思我们的信念常识可能会产生两种问题。第一种问题我们可以称之为分析的或概念的。这些问题关涉与我们的信念常识相关的概念：何谓信念？何谓知识？何谓对信念的支持？何谓证据？何谓信念的合理性？这些问题是关于我们自己的思想——它们与我们的意思相关，与信念的各种概念如何相互联系相关。第二种问题我们可以称之为实质的。这些问题不关涉我们的思想，而是关涉现实如何与我们的思想一致。我们有知识的概念——但我们真正知道什么呢？我们有证据的概念——但有什么方法可以真正为不同类型的信念提供证据呢？我们有合理性的观念——但实际上必须满足哪些标准才能算合理呢？

我以认识论为例提出的两个观点：哲学始于常识，和哲学中有趣的问题——无论是概念的还是实质的——旨在使常识间的冲突更加清晰或予以解决。我需要提出的第三个观点是，在任何哲学领域都没有预先的保证，无论是肯定的还是否定的。我们不能肯定地说，我们的哲学研究会改善我们对某个领域的理解，或得出结论，认为我们的常识是无意义的、混乱的或无法补救的。暂时停留在认识论的情况下，我们不能事先说认识论会得出如下结论：我们所有的信念常识彼此之间保持一致，并且在更详细地阐明时可以让我们设定正确的信念顺序。但是我们也不能事先说认识论会带来怀疑的结论：我们的信念常识是矛盾的，或者太模糊了以至于缺乏阐释的兴趣，或者我们注定要灾难性地辜负肇始于认识论的任何理性理想。从我们关于信念的日常想法开始，并不意味着我们的日常想法是正确的，或者它们已经为破坏做好了准备。只是承认它们是我们的日常想法，并且它们一开始就标明了研究的主题。

我们不要以为把事情处理得井井有条，就进而轻信一切有序进行；也不要以为自己只是一头雾水，就把常识作为纯粹混乱而拒绝并重新开始。保守者和激进者都不要以为在哲学上对他或她有利。我们确实必须潜下心来开始尽可能清晰和诚实地确定和思考这些问题，而不必知道我们的研究将最终走向何方。

## 0.2 我们有何种法的常识？

每个哲学领域的起点都是给定主题的常识集合。这些常识使哲学研究紧靠我们的共同经验，为我们提供了一个共享的研究课题。哲学研究是对这些常识的概念和实质研究。那么，作为法哲学起点的法的常识是什么呢？

我将确定三个法的常识，本书聚焦这三个常识展开分析性和实质性研究。这里我有两个目标。首先，我必须能够清楚地告诉您这些常识是什么——我们需要弄清楚这些常识的内容。其次，我必须说服您，这些实际上是法的常识，而不仅仅是我对法的个人观点，也不仅仅是您和我碰巧共有的观点，而是我们所有潜在的研究者明确认同的对法的一般理解。

法哲学关涉三个法的常识：法是一种社会现象，法是权威的，法是为了公共利益。

### 0.2.1 法是一种社会现象

当我说"法是一种社会现象"是一个常识的时候，我的意思是，无论我们说什么其他的，它的存在至少部分地始终是社会事实的问题。当我们说某个法律制度存在，或者某个法律有效，或者在某个案件中法律是如此这般的时候，使那些主张成立的原因至少在一定程度上一直是社会事实的问题。

为了使法通常是一个社会事实问题这一常识是合理的，有必要对使事实成为社会事实以及将社会事实与其他种类的事实区分开来进行说明。粗略地说，我们可以将事实世界分为两类：评价事实和非评价事实；如谋杀是错误的、甜菜对您有好处等是评价事实，如华盛顿特区每天发生谋杀案、甜菜是红色的等是非评价事实。我们可以把非评价事实区分为客观事实和主观事实：客观事实是那些不涉及主体存在（即具有信念、欲望、观点等的存在）的事实（例如珠穆朗玛峰高8844.43米、草为绿色等）；主观事实是那些涉及主体存在的事实（例如有些人认为股市即将上涨、一半的公民赞成对堕胎的法律限制等）。我这里说的"社会事实"是主观事实。尤其是，社会事实是那些与主体之间的相互作用有关的主观事实——即关于主体及其信念、欲望、目标、目的、选择、观点的事实，只要这些信念、欲望等与其他主体有关。因此，探索频道团队试图将阿姆斯特朗带到获胜者的领奖台上是一个社会事实，一个与探索团队成员协调一致的目标和行动有关的事实。阿姆斯特朗在2005年7月的大部分时间都处于痛苦之中是一个主观事实，但不是社会事实。在某些情况下很难区分，但是毫无疑问，在这些类型的事实之间存在区别。

社会事实是非评价的、主观的事实，涉及主体之间的相互影响。虽然很难精确定义其概念，但是社会事实是一个熟悉的思想，我想主张，法至少在某种程度上是社会事实的问题，属于我们熟悉的关于法的真理。当我们第一次尝试描述法时，我们首先要讨论人以及人与人之间的相互影响。我们对法的描述起始于谈及与法的存在相关的社会事实。

承认法是一种社会事实问题这一主张之真理性的一种清晰的方法——事实上这一主张的真理性是明显的、平常的——是通过若干思想实验。第一个思想实验是：想象两个社会，即X社会和Y社会，在它们中间包含的非社会事实是彼此重复的——具有相同的评价事实，并且具有相同的非社会、非评价事实。我认为，在这种假设下，可能X社会和Y社会都存在法，或者两者都不存在法，或者其中一个存在法而另一个却不存在法。您可以想象两个存在相似环境的社会，其中一个不存在法，另一个存在法。但是，现在进一步想象，在社会实践、成员之间的互动性质、人们的信念和态度等方面，X社会和Y社会在每个细节上也都是完全一样的。现在，如果我要对您说X社会存在法，而Y社会不存在法，您会反对这一说法。您可能会说我前后矛盾（"怎么可能一个存在法而另一个却不存在法呢？它们是彼此的副本！"），或者您会说我正收回所说的它们在每个社会细节上都相似（"哦，你的意思是它们并不是真正地彼此完全相同；它们的区别在于一个社会存在法，而另一个社会不存在法"）。如果这确实是您的反应，那么您就认为社会事实对于法的存在非常重要。您承认非社会事实本身不足以构成法；社会事实必须成为故事的一部分。

第二个是更直接的思想实验：想象一个不存在法的社会。现在思考一下这个问题：为了使这个社会处于法的约束之下，那里的状况必须作出哪些改变？社会状况的某些事实必须改变，对我们所有人来说，显而易见的是，必须改变的事实将包括社会事实。为了使一个没有法的社会成为一个有法的社会，该社会中的人们必须以不同的方式相互交往。法至少部分是社会事实问题这一常识成为坚定的信念。

法作为社会事实的身份对于我们理解法有多重要？在称某物为法或某制度为法律制度时，我们是否仅需提及社会事实？或者我们需要提到其他种类的事实——例如评价事实吗？在这里，我们从熟悉走向陌生：法是否完全是社会事实的问题，是法哲学一个有争议的问题；不是法是一种社会现象这一常识就能解决的。

### 0.2.2 法是权威的

说"法是权威的"是常识，就是说我们将扮演某种角色的法包含在标准中，作为某个领域某些问题的裁决者。虽然我将在第1章中对权威进行更多的讨论，但我们现在需要更清楚地了解权威的概念，以便于明白"法是权威的"这一主张意味着什么，以及为什么法具有权威显然是常识。

有时我们会论及钚-239特性、建筑史或形式逻辑的权威。成为其中一个领域的权威就是成为一个了解该领域的人，因此其话语权使人们有理由相信他们所主张的。如果一个钚-239的权威人士说它的半衰期约为24,000年，那么我们其余的人就有理由相信，钚-239的半衰期约为24,000年。如果一个建筑史的权威告诉我们在罗马建筑中发现了最古老的飞拱使用，那么我们其余的人就有理由相信，在罗马建筑中发现了最古老的飞拱使用。这种权威有时称为"理论"权威，它是专业知识的权威。承认另一个人对某人的理论权威是要承认这个人的信念恰好是由另一个人的主张塑造的，他或她告诉您某事是真实的，这是您相信它真实的理由。

法律有时确实是由专家起草的：法案本身是由专家撰写的，然后由特定的非专家立法者提出提案并进行表决；或法律包含允许在政府机关工作的专家制定实施细节的条款。但是，我们通常归因于法律的权威不是理论权威。众所周知，塑造信仰不是法的第一要务；它对指导行动很感兴趣。因此，归因于法律的那种权威不是我们称之为"理论"权威的信念权威，而是行动权威，有时也称为"实践"权威。

我们说过，某人在某个领域对您拥有真正的理论权威，就是这个人在该领域的主张可以使您有理由相信其所主张的内容。同样，某人在某个领域对您拥有真正的实践权威，就是这个人在该领域内的命令、要求、指示等，为您提供了以被命令的方式采取行动的理由。如果我的父母在家庭事务上对我拥有权威，那么当他们告诉我洗碗时，我就有理由洗碗。如果我的老师在班级作业方面对我拥有权威，那么当他们告诉我写一篇课程论文时，我就有理由写一篇课程论文。

进而言之，当某人拥有实践权威时，他或她的命令不仅仅是遵守的良好理由。他们的命令不同于朋友的请求，一个人可能会认真考虑，然后决定不满足朋友的请求。通常如果请求在认真考虑后被拒绝，提出请求的人无法埋怨。但是，权威的命令不仅需要认真考虑，而且还必须遵守。如果一个权威在其适当的范围内是有效的，则其命令是该命令所指向议题的最终裁决者。它的命令为遵守提供了决定性的理由。

现在，重要的是要区分真正的权威和事实上的权威。真正的专家是知道自己在说什么的人，并且非专家有理由相信其（真实的）主张——这样的专家具有真正的理论权威。但是有时候人们会冒充专家，有时这些人设法说服他人相信他们确实是专家。我们可以发现这样做有益：用一个术语描述那些被视为真正权威的人，不管他们实际上是否是真正权威的。我们可以将所有被认为是真正的理论权威的人称为"事实上的理论权威"——意味着他们的主张被视为接受其主张的理由。我们可以就实践权威作出类似的区分。我也许会说服某些人我是上帝派来的统治者,尽管我知道这是假的,我需要的只是权力。这些人可能把我当作他们的行动权威,尽管他们肯定没有充分的理由按照我的指示去做。我们可以把我的权威称为"事实上的实践权威":虽然我的命令并没有真正为这些人提供遵守的理由,但他们却把我的命令当作此类理由,并依之行动。

我刚才描述的情况表明,一个人想成为事实上的实践权威不必是一个真正的实践权威。人们可能接受他人的权威,即使这个人实际上没有权威。但是,它也以相反的方式起作用。一个人想成为真正的实践权威不必是事实上的实践权威。举例来说,父母可能确实是其子女的权威,而子女却没有认识到父母的权威。

法在某种意义上是有权威的,是一个常识。法律不请求,而是命令。它的规范是规则;其命令被认为是强制性的;那些违反这些规范的人被视为有罪责的。法官作出决定和命令,而不是恳求或建议。负责制定和实施法律的人自称权威,也被接受他们约束的人如此称谓。有人认为自己发现了一种法律制度,其法律仅是建议,是选择性的而非强制性的,这确实是很奇怪的。我们认为其发现的根本不是法律制度,而是法的替代品。

所以,法的权威地位是常识。但是,我们区分了事实上的权威和真正的权威。当我们说法在某种意义上是权威的时候,我们是说法是事实上的实践权威还是真正的实践权威,或者两者兼而有之?同样,提出这个问题是要从对法的常识过渡到法哲学,因为事实上对于法的本质来说,最重要的基本问题之一就是何种权威是必要的。

### 0.2.3 法是为了公共利益

"法是为了公共利益"的常识应该理解为关于法的目的之普遍观点。显而易见的是，在我们发现自己超出基本共识范围并陷入有争议的问题之前，我们不能在这一领域说太多，这些问题在餐桌上和社论页面上都像在哲学研讨会上一样引起争议。但是我们至少可以说以下几点是对这一法的常识的解释。

说法是为了公共利益，就是说法——通常广义理解为包括法律体系、个别法律规则、案例中的特定裁决——应该是合理的，不仅从某些特权阶级或非特权阶级的角度来看，而是所有生活在其中的人。法不应该使某些阶层的人受益，法充其量是令人讨厌的事物，最坏的情况也只是给其他人带来负担或可怕的痛苦。法不应该像特定的阶级礼节制度那样，只有某些阶层才能学习和评判，并可以用来压迫其他人。不，法是为了公共利益。

正确理解法是为了公共利益的主张很重要。法是为了公共利益的常识关乎法能使谁受益、法对谁应该是合理的，而不应该是关于立法权适当形式的主张。例如，可能有人认为，说法是为了公共利益就必须对法的制定方式持有某种观点——可能是，必须民主地制定法。但那将是对最佳政权这一哲学难题的预先判断，例如，君主制、贵族制或民主制哪一个是最佳治理形式。多数人统治还是少数人统治是与法的公共利益取向不同的问题。当古典传统的作者反对民主时，通常声称多数人不适合统治。明智的少数人的统治比愚昧的多数人的统治更有利于公共利益。无论论据的质量如何，很明显，它正确地区分了谁应该统治与谁应该受益，或者法对谁必须是合理的，这一点是清楚的。如果少数人的统治让多数人受益，就是正当的。

法是为了公共利益是一个相对薄弱的观念。那些最想逃避它的明显含义的人最雄辩地肯定了这是常识：例如，那些主张奴隶制不是对法律公正性的冒犯的人发现自己要么否认奴隶属于法律对其合理的"所有人"，要么否认法律以某种方式保护奴隶的利益。更明确的是，我们可以注意到在法律的自我形象中诉诸公共利益的盛行：就像法律制度确认自己的权威地位一样，它们也肯定了对公共利益的取向。有时很明确，例如美国宪法的序言申明法律制度和政府旨在谋求普遍福利。有时是隐含的，例如，可以发现法律制度中的官员以旨在对所有受其裁决约束的人合理的方式捍卫其决定。

法是为了公共利益确实是一个薄弱的常识，但是它的极其薄弱性却使它成为哲学探索的沃土。我们应该如何解释公共利益这个模糊的概念？作为法律体系的适当目标，包含在公共利益中的价值是什么？为了实现这些目标，法必须遵守哪些限制条件？怎样才能从公共利益的角度评估我们熟悉的普通法律制度的特征？

## 0.3 我们的研究进路

法是社会的、权威的和公共利益取向的。本书的目的是通过思考这些常识单独或相互作用所引起的各种问题，向您介绍法哲学研究的丰富内容。

在第 1 章 "分析的基本原理：法的概念"中，我们的目的是弄清三个常识之间的相互作用所引起的一些令人困惑的分析问题。如何阐明法的社会性，并使其与法的权威和公共利益取向相一致？就如我们将看到的那样，对法的社会性的解释越强，对法的权威和公共利益取向的解释就越弱，对法的权威和公共利益取向的解释越强，对法的社会性的解释就越弱。

在第 2 章"规范性基本原理：典型法律制度的基本角色"中，我们考虑了关涉典型法律制度中各种角色要求的一些实质性问题。这三个角色分别是臣民\*（受权威法律规范约束的人）、立法者（有权制定权威法律规范的人）和法官（有权解释和应用权威法律规范的人）。我们的目的是更清楚地认识到与这些角色有关的权威和公共利益问题。如何解释臣民实际上必须遵守法律的规定——在什么情况下法律对公共利益的取向如此贫乏以至于它对臣民缺乏真正的权威？立法者和立法活动的哪些美德使创造既有权威性又追求公共利益的良好法律成为可能？法官在解释和适用法律方面的职责是什么：他们在运用法律规范时必须在多大程度上依靠自己对公共利益要求的判断？

在第 3 章"法的目的"中，我们主要关注的是根据法作为权威的地位来理解公共利益的范围。虽然我们可以同意强加这些标准是为了公共利益，但是对于我们如何解释"公共利益"的理念存在很多分歧，关于法是否应与公共利益的每个方面都相关也存在很多分歧。约翰·斯图亚特·密尔（John Stuart Mill）的"损害原则"是最著名、最合理的法律限制建议：对臣民自由的限制（例如法律施加的限制）仅在寻求阻止臣民损害他人的情况下才是合理的。其他人则走得更远，声称即使为了保护臣民阻止其做出可能损害自身福祉的行为，或者为了保护他人免受严重冒犯，或者仅仅阻止道德错误，行使法律权力也是合理的。我们将探究这些

---

\* Subject 一词的含义是"受法律约束的人"，此前一些文本译为"臣民"，"臣民"适用于君主制，在君主制下法律的约束力源于最高统治者，臣服于君主与受法律约束没有区别；且外国人通常也被视为臣民。但在讨论当代社会的文本中，译为"臣民"似有不合适之嫌。但若译为"公民""国民"也有不妥之处，因为法律可能约束外国人；也难以找到更合适的译法，所以我们这里还是沿用"臣民"，取"臣服于法律"之意。——译者注

进一步的目的是否有价值，如果是，法是否应该把实现这些价值作为自己的目的。

在前三章中，我们思考了制定法律规范的原因是什么，以及应该以何种一般性标准制定法律规范。在第 4 章和第 5 章中，我们探讨针对违反这些规范的应对措施。一种应对是以违法者为中心的：法律向违法者显示权威。在第 4 章"刑法的性质和目的"中，我们探讨了典型的以违法者为中心的应对：刑罚。在处理了有关刑罚概念的分析性问题之后，我们探讨什么是刑法的最佳规范解释这一实质性问题。对违反法律规范的另一种应对措施是以受害者为中心：法律为受害者提供了一种权威的补救手段。在第 5 章"侵权法的性质和目的"中，我们将处理这种应对。这里的焦点将再次集中于哪些规范性观点为侵权法的主要特征提供了最好的证明。在什么情况下应该赔偿，在什么程度上赔偿？如何证明受害人—违法者模式是合理的？在这种模式中，违法者将向受害人或他人支付损害赔偿金，而不是其他模式，例如违法者向受害人可以主张的共同基金捐赠的方式？

在最后一章"挑战法律"中，我们将考虑各种观点，这些观点是统一的，即所有人对法律和/或法哲学的看法都不尽如人意，我们的常识是无序的，需要实质性的修改或否决。如果法与权威有一定的联系是我们的常识之一，如果法与公共利益有一定的联系是我们的常识之一，那么任何持有如下观点的人，例如实践权威原则上是不连贯的，或者例如相对于某些支配阶级的利益而言，公共利益的概念是虚幻的，都必然质疑我们对法律秩序的一般理解。然后，我们通过探讨这种批评的克制版本和激进版本来得出结论。

## 延伸阅读

有关法的社会性质的讨论，参见 Joseph Raz, "Legal Positivism and the Sources of Law", in Joseph Raz, *The Authority of Law*, Oxford: Clarendon Press, 1979, pp. 37-52.

有关权威的性质和法的权威特征的讨论，参见 Joseph Raz, "The Claims of Law", in Joseph Raz, *The Authority of Law*, Oxford: Clarendon Press, 1979, pp. 28-33.

有关权威的性质的更多思考，参见 Scott Shapiro, "Authority", in Jules Coleman and Scott Shapiro (eds.), *The Oxford Handbook of Jurisprudence and the Philosophy of Law*, New York: Oxford University Press, 2002, pp. 382-439; Mark C. Murphy, "Authority", in Donald Borchert et al. (eds.), *The Encyclopedia of Philosophy*, 2nd edn., Detroit: Macmillan Reference USA, 2006.

有关法的公共利益取向的讨论，参见例如 Robert Alexy, *The Argument from Injustice*, trans. Bonnie Litschewski Paulson and Stanley L. Paulson, Oxford: Clarendon Press, 2002.

# 第1章
# 分析的基本原理：法的概念

## 1.1 问题及其重要性

法哲学的基本问题是对其自身主题的分析：什么是法？法是一个概念，用来解释行为（例如，因为制造和进口酒精饮料违法，1921年后酒精在美国消费下降），为行为提供依据（例如，你不应该从这里过马路，因为乱穿马路违法），以及自我理解（例如，我们的政府是"法治而非人治"）。至少在本书可能会被阅读的那些社会中，它肯定是最重要的和常用的描述、证成和解释的概念之一。但为之提供一个详实而精准的解释可能并不像人们认为的那样容易。我们可以说，法的概念并不是不言自明的——法是什么并不那么显而易见。如果你不相信这一点，请暂停阅读并试着说明法与世界上所有其他事物的区别。

既重要（即用来描述、证成和/或解释）又不好处理（即难以明确）的概念对哲学家来说很有用。知识概念对知识学家是最重要的，原因概念对形而上学家是最重要的，善的概念对道德哲学家是最重要的，如此等等。法是法哲学家关注的核心概念。当哲学家们对一个概念进行分析时——不管这个概念是法、知识、原因还是善——他们必须依赖两个信息来源作为分析和纠错的灵感。我们已经邂逅了信息来源之一：关于这个主题的常识。当一个人分析一个概念时，应该忠实于以某种方式体现和组织起来的该主题的常识。

以我们的知识概念为例。关于知识的常识我们有：①如果一个人知道某事，那么他就相信它；②如果一个人知道某事，那么他相信它就是有道理的；③如果一个人知道某事，那么所知道的就是真的。任何对知识的分析都必须尊重这些常识。例如，如果我说，在我的分析中知识仅仅是信念，你就会适当地回应说，这种分析不可能是正确的，因为它没有承认在我们的信念概念中正当性和真理的重要性。然后我可能修正我的分析说知识是有道理的、真的信念。虽然这种分析可能仍然存在问题，但它似乎更接近于、更忠实于我们关于知识的常识，而不是认为知识仅仅是信念。

在分析概念时，还有另一个信息来源。这个信息源是我们与某个概念相关联的一组"清晰案例"。我所说的"清晰案例"是指某个概念明显适用或不适用的实例。例如，考虑以下与知识概念相关的清晰案例，我知道我存在，我知道此时此刻我正在录入一本手稿，我知道我叫马克·墨菲，如此等等。我不知道宇宙中有多少粒子，我不知道我的孩子们此刻在哪里，如此等等。可能对于有些问题我是否有知识是不清晰的。我知道上帝存在吗？我知道吃牛肉在道德上是被允许的吗？我不确定在这些情况下我的信念是否会累积成知识；但我确信，在那些有能力的、掌握充足信息的知识概念使用者中，这些案例是否是知识的实例存在分歧。所以，不管我是否知道这些事情，它们都不能算清晰案例，所以也不是我想要提供分析的素材。

清晰案例很重要，因为它们可以用来塑造和测试分析。把上述对知识的分析看作已证成的真信念,存在一个强大的争论——依赖于一个清晰案例——这是一个不充分的分析。[1]假设你正看着市中心的一个时钟,它一直都可靠,并以其可靠性而闻名。(事实上镇上的人称之为"老可靠"。)它显示现在是下午 1∶32,你看着钟,相信现在是下午 1∶32,由于它的可靠性众所周知,你这样做是有道理的。假设现在实际上是下午 1∶32。所以你有一个合理的、真实的信念,现在是下午 1∶32。根据我们的分析,这意味着你拥有知识。但你不知道的是,"老可靠"已经坏了,停留在 1∶32,你碰巧在正确的时间看到它,这只是个意外。在这种情况下,似乎有一个强烈的共识,那就是你没有知识,因为你正当的信念真的仅仅是幸运。因此,在对知识的分析中,除了正当的、真实的信念之外,肯定还有别的东西——也就是说,信念的真理性不仅仅是幸运或偶然。(信念不仅仅是幸运或偶然意味着什么,是一个更深的和更难的问题。)

在常识和清晰案例的确定中,一个人可能会提出一些重要的问题(一个常识需要什么样的共识,或者一个清晰案例是清晰的吗?这种共识有可能是错误的吗?),但在这里我们将把它们放在一边。您可能仍然想知道这个活动的意义。你可能会问,谁在乎法的概念或任何其他概念?为什么我们要如此担心语词的界定和观点的揭示呢?

关注语词意思的原因是,语词及其含义的混淆必然会导致观点的混乱。(近来有什么想法不是用语言表达出来的吗?)关注观点混乱的原因是,想在我们的描述和说明中、在我们的证成和解释中,把事情彻底搞清楚。语言和思想的清晰有助于清晰地理解对我们重要的事情。

因此,我们看到了一种方法,可以就正确分析法的概念提出问题。我们手头有大量法的常识（包括但不限于在导论中鉴别出的常识——那些关涉社会性、权威和公共利益导向的常识），我们有大量案例，我们认为它们是法律制度和具体法律的清晰案例或非清晰案例。有了这些路标，我们该如何回答这个问题：什么是法？

## 1.2 基础奥斯丁主义

约翰·奥斯丁（John Austin）提出的法理论为当代相当大一部分关于法的本质的解释提供了参考。奥斯丁的法理学讲座对它们的产生并没有多大贡献（从1826年到1832年他在伦敦大学担任法理学教职，因选课学生少而辞职），但自从《法理学的范围》(The Province of Jurisprudence Determined)* 出版后，在19世纪和20世纪的法哲学中产生了巨大影响。[2] 奥斯丁的作品之所以如此重要，一方面因为他准确阐述了自己的立场，并将其与对立的观点作了比较；另一方面因为他从为数不多的观点中重新为我们构建了法的概念。

要遵循奥斯丁对法的解释，一种方法是把它想象成一种寻找那些法的常识并让它们变得生动而精确的探索，是这些常识使法成为一种社会事实。当有人提醒我们，法是一种社会事实时，我们肯定想知道，法的存在涉及什么样的社会事实。我们可以像奥斯丁那样提出，凡是有法的地方，就有命令和服从的模式。也就是说，如果没有这样一种情况——有人告诉其他人该做什么，而其他人也跟着做——就没有法。因此，对于法所涉及的社会事

---

\* 本书的中译本可见［英］约翰·奥斯丁：《法理学的范围》，刘星译，中国法制出版社2003年版。——译者注

实，最明显的解释就是命令和服从的模式，这对法的存在至关重要。

把奥斯丁法的本质的一般理论看作是对构成法的命令和服从的本质的一种延伸注释，并不是太夸张。在奥斯丁看来，法是一种命令，一种普遍命令（想象一下规定"始终靠右行驶"的法规），而不是特定场合下的特定命令（想象一下，一位指挥交通的警察指着左边说"从这边行驶"）。[3]命令本身需要概念分析，奥斯丁认为，命令是一个人对另一个人以某种方式行事的愿望或意图的表达。（如果我命令你写论文，我是在表达我让你写论文的意图。）但并非任何意图的表达都可以算作命令：它只是上级表达的意图，在不服从命令的情况下，他有能力也有意愿施加一些恶（奥斯丁称之为"制裁"）。[4]（如果你写不出论文，我可能会威胁你这门课不及格。）当这些命令的条件得到满足，那么当一个人被命令时，他就有义务或责任去服从它。

让我们从这一连串的定义中稍作休息，以便欣赏奥斯丁的分析与我们对法的一般经验和理解相符合的方式。我们通常在命令模式下遭遇法，这似乎是对的（我们把法描述为告诉我们该做什么，向我们提出要求等）。法通常来自于能够制定这些规则的法律精英阶层。很明显，我们把法的命令描述为法律义务或法律责任，而且也很清楚，不遵守它们会招致各种不希望出现的恶（执行、监禁、罚款等）。因此，奥斯丁似乎正在寻找一种优雅的方式将各种有关法的经验的常识联系在一起。

在服从方面，奥斯丁很清楚，如果服从仅是一次性的或者是随机的系列巧合，对法而言是不够的；相反，必须有一种服从下达命令的上级的习惯。[5]至此还不足以区分法和父母为孩子制定的规则：即使孩子有遵从父母意愿的习惯，父母也会制定有制裁支持的一般规则（"每周打扫你的房间，否则……"），但我们需要区分父母的规则和法的现象。奥斯丁区分的方法是注意到这样一个事实：虽然父母高于孩子，但他们自己也低于那些能给他们发号施令的人。所以奥斯丁说法是由那些别人对他有普遍遵从习惯而他自己对别人没有普遍遵从习惯的人制定的。这些人在法和法哲学的意义上是优越的，奥斯丁称这些人为主权者；社会中的大多数人都习惯于服从主权者，我们称之为主权者的臣民。因此，我们可以将奥斯丁的观点概括为：法是主权者对其臣民发布的普遍命令。

奥斯丁的观点似乎是一种对法的本质很有前途的解释。到目前为止，我们一直在关注他的观点如何构成一种对社会性常识的阐释。我们应该如何看待它调和关于权威的常识和公共利益导向的方式呢？

关于权威常识：回想一下，在导论（0.2.2）中，我们区分了两种权威：真正的权威和事实上的权威。真正的权威存在于一个给定的领域中，一个人在该领域的指令给了其他人一个决定性的服从理由。事实上的权威只存在于当一个人的命令被认为是合理的并被接受的时候。我们没有确定法必须拥有的权威是真正的还是事实上的，或者两者兼有。但似乎很清楚的是，法必须在某种意义上具有权威，才能成为常识。奥斯丁对法的看法能满足这一要求吗？

稍后我将论证这是不可能的，但我们首先应该理解从奥斯丁的立场能推导出的情况。注意，根据奥斯丁的观点，要想有法，臣民必须有一种服从主权者的习惯。按照奥斯丁的观点，这种服从习惯的根源似乎在于主权者的优越性，可以对不服从的行为施加制裁。正如奥斯丁所言，主权者的优越性是一种力量的优越性，也就是权力，而所讨论的权力就是施加制裁的权力。因此，我们可以说，主权者拥有某种权威，因为它被赋予制裁的权力：人们有理由按照法的命令行事，因为制裁伴随着不服从而来。

那么法以公共利益为导向的常识呢？奥斯丁坚持认为——事实上，这是奥斯丁的法理学被后来的法学理论家以最大的热忱挑战或捍卫之处——法是为了公共利益的观念不能被理解为无论法在何处被发现，它最终都是为了所有服从它的那些人的利益。奥斯丁指出，人们经常会发现一些轻率、愚蠢、毫无意义、过时的法律。正如他生动地指出，人法与上帝法相违背就是一个例子。

> 如果说人法与神法相冲突，就不具有约束力，也就是说，就不是法，那是一派胡言。最有害的法，也就是那些最违背上帝意志的法，一直是并且不断地被法庭作为法律来实施。假设一个行为……被主权者以死刑禁止；如果我实施了此种行为，且反对判决，因为它违反了上帝法……法庭将根据我质疑其效力的法律把我绞死以证明我的推理是无效的。[6]

奥斯丁认为，有些法的存在及其遵循并不服务于公共利益，这是一个简单的社会事实。

那么，奥斯丁能怎样考虑法是为了公共利益这一常识呢？他并没有通过说从来没有一种法与公共利益相违背来顺应它。他通过把它当作一个关于法应该如何的简单道德论题来容纳它。法是什么完全是一个社会事实问题，取决于谁有权力，谁发布了什么命令。奥斯丁坚持认为，法应该是什么是另一个问题。在奥斯丁看来，法应该追求的合适标准是由神法规定的，[7]这种追求的近似标准——也就是，我们应该用来衡量法是否实现了它的追求的标尺——是功利原则，即道德要求我们以社会整体福利最大化的方式行事。[8]因此，依据功利原则，法的制定和修订应当以使社会整体福利最大化的方式进行。法应该使社会整体福利最大化，这似乎与法是为了公共利益这一常识相吻合，这就是奥斯丁顺应这一常识的方式。[奥斯丁的法理论非常类似于著名的功利主义哲学家杰里米·边沁（Jeremy Bentham），他的著作旨在为法去神秘化，消除它的宏伟光环，让人们能清楚地认识到它的缺点和愿意改革使其更好地服务于社会福利。]

然而，尽管奥斯丁的观点具有显著的力量和吸引力，但仍然存在严重的困难，使其无法被接受为法的概念的充分解释。我们将首先考虑奥斯丁的观点所面临的一系列困难，这些困难完全来自于他强调把主权的观念作为分析法的基础。我们将考虑一些反对意见，这些反对意见是针对奥斯丁最终没能尊重法是权威的和法为了公共利益的常识。

一旦我们认为法是由命令构成的，那么认为法是由主权者命令构成的观念也就很自然了。因为如果我们认为法是由命令构成的，那么我们就自然认为必然有命令的下达者。然后我们产生如下想法：必定有一方，即主权者，有能力和意愿下达命令，用制裁来支持它们，从而使法律成为可能。然而，这种诉诸命令可能是一个错误的转向，它导致奥斯丁曲解了法和法律体系中清晰案例的一些特征，且忽略了其他特征。[这是 H. L. A. 哈特（H. L. A. Hart）提出的批评的延伸，我们将在下面讨论他对法的解释。][9] 问题是，虽然有些法律表面上看起来很像命令——那些要求人们执行或避免某些行动的法律会立即浮现在脑海中（不要偷窃；在 4 月 15 日之前支付你的联邦税）——但有许多法律根本不适合以威胁为支撑的命令模式。事实上，在大多数情况下，立法权力本身就是法的产物,不能被合理地看作是命令的产物。

例如,考虑使人能够立有效遗嘱的法律。这些法律告诉人们,为了以一种具有法律效力的方式陈述自己的意愿,必须做些什么——也就是说,在一个人死后由法院强制执行。这些看起来不像命令:它们看起来像是某种指令。它们也没有以威胁为支撑要求某人服从它们。[10]

更重要的是,想想制定法律本身的权力。当美国国会对一项法案投赞成票,然后由总统签署,它就成为法律。但是国会通过法案和总统签署法案使法案成为法律的原因本身就是另一项法律。颁布具有法律效力的规则的权力本身通常就是法律的结果,它宣布了为制定更多的法律必须做些什么。[11]

奥斯丁的观点掩盖了这些事实,他围绕一个主权者构建自己的观点,这个主权者的地位并非源于法,而是源于一种可以用非法律术语描述的遵守习惯,这种方式产生了他的观点似乎无力解决的困惑。例如,思考法的持存。假设一个社会由唯一的女王统治,这个女王制定了一系列的法律。后来女王去世,由她的女儿继承王位(根据法律规定)。我们该如何解释呢?如果奥斯丁是对的,继承就不可能成为法律问题;因为原来的君主已经死了,无法制定规则或实施制裁。在那个社会的成员建立起一种新的服从模式之前,就不会有法律。但这似乎与我们一般的法律经验不符:我们知道,立法权力可以从一党转移到另一党,而不会出现等待建立一种新的服从模式所必然产生的空隙。[12]

法的主权者—臣民模型是一个神话,只适合(如果有的话)一种非常特定的社会形式:一个人人效忠的社会,所有人效忠权威,在这个社会中唯一的法是"你必须这样做"或"你不能那样做"系列。但奥斯丁的观点还有更多的问题:它显然不能满足权

第1章 分析的基本原理:法的概念 23

威常识，也可以说不能满足公共利益常识。

从上述我们可以发现奥斯丁的观点符合权威常识的最佳案例是，由于制裁的存在，臣民有理由服从主权者的命令。但我们可以提出两个反对意见。第一个反对意见：即使我们承认主权者的制裁可以提供服从的理由，也远不清楚它们是否提供了服从的决定性理由。正如奥斯丁所说，重要的不是制裁的规模，而是它的存在；这就足以产生一种法和一种法律义务（"在产生最小邪恶的可能性最小的地方，愿望的表达等同于命令，因此也强加了一种义务"[13]）。但是，如果主权者的命令被一种不太可能强加于人的小刑罚所支持，那就不能给出一个强有力的理由，更不用说一个决定性的理由来服从主权者的命令了。因此，奥斯丁列举的服从法的理由似乎不足以使法具有权威性。

第二个反对意见：关于权威还有另一个问题，这不仅仅是因为要求服从的理由太过薄弱，而是因为这些理由是错误的。奥斯丁说制裁的威胁产生了服从的责任和义务。但是，这是一个对责任依据非常难以置信的分析。如果你拒绝把你的钱给大街上的持枪歹徒，他有能力用让你难受的方式威胁你。但我们很难说你有义务或责任把钱给他，我们当然不会说持枪歹徒对你有权威。[14] 威胁实施制裁并不是使一个人成为权威并得到服从的正当理由。

这就是困难的根源。回想一下我们之前对权威的分析（0.2.2）：当一个人拥有对另一个人的权威时，一个人的主张（say-so）是另一个人服从的决定性原因。但持枪歹徒的要求并不是你服从他意愿的决定性原因；威胁才是你服从的理由。做别人告诉你做的事，因为他或她告诉你这么做，和做别人告诉你做的事，因为如果不做他或她会让你不好过，这两者是有区别的。例如：一位家长可能会给两个孩子同样的命令，打扫他们的房间。

一个孩子服从可能是因为父母让他（她）这样做，而另一个孩子服从可能只是因为他（她）害怕如果他（她）不服从会受到惩罚。这两个孩子之间有一个重要的区别：前者把父母的权威作为打扫房间的理由；后者只把父母的威胁作为打扫房间的理由。这是一个重要的区别，这就是为什么我们不承认持枪歹徒是一个权威，即使他的威胁是严重和迫在眉睫的。

奥斯丁的观点并没有触及法的权威，仅仅把法视为一个非常有效的威胁制造者。毫无疑问，这反映了一些日常法律经验。但它没有触及一个事实，即我们认为法不仅仅是一个威胁制造者，这就是为什么说法在某种意义上具有权威是一个常识。

我们也可以就奥斯丁对待法是为了公共利益的常识提出质疑。奥斯丁仅仅把这当作一个如何制定和修改法律的道德要求，因为他认为没有真正的选择：不像我们可以说没有不道德的法律，我们不可以说没有公然违背公共利益的法律，因为似乎有过这样的法律。1850年通过的《逃亡奴隶法案》是为了更有效地抓捕逃亡奴隶，要求人们不要妨碍甚至在某些情况下协助抓捕逃亡奴隶。现在很少有人会说这是为了公共利益。但否认《逃亡奴隶法案》为美国法律是全然不顾法的社会事实属性的——它被通过、签署、司法执行、社会承认。因此，奥斯丁似乎认为，如果存在某种不道德的法律，那么法是为了公共利益这一常识就必须仅仅被理解为立法者应该如何制定法律的道德命题。

我想提出一个问题，这个问题我们将在本章后面更详细地讨论。问题是：奥斯丁的潜在意思是处理公共利益常识仅有的两种方法吗？也就是说，我们是否必须说，这意味着要么所有的法律都是可取的，真正服务于公共利益，要么仅仅意味着立法者制定法律应该尽可能地考虑公共利益？我们必须承认，前者似乎是错误的。但后者似乎不足以理解法是为了公共利益的含义。

让我试着用几种方式来说明这一点。首先要注意罗伯特·阿列克西（Robert Alexy）的一个观点，并对其进一步拓展。[15] 我们会发现，通过一项以"不公正歧视"为其明确目的的法案是非常奇怪的，在某种程度上是自相矛盾的。或者将美国宪法的实际序言与一个可供选择的序言进行比较。以下是实际序言：

> 我们合众国人民，为建立更完善的联邦、树立正义，保障国内安宁，提供共同防务，促进公共福利，并使我们自己和后代得享自由的幸福，特为美利坚合众国制定本宪法。

以下是另一种选择：

> 我们最富有的百分之一的人，为了我们自己的口袋，利用不公正强化我们自己的优势，确保我们自己的宁静而不管它会引起他人的苦难，提供对下层臣民的共同防御，促进我们特定的福利，为且仅为我们自己得享自由的幸福，特为美利坚合众国制定本宪法。

这样一个序言——在意图上，如果不是在文字上——可能是一个特别无情的有组织犯罪集团的基础。但是，作为一个法律制度的基础，它似乎并不仅仅像在有组织犯罪集团中一样是邪恶的。而且，似乎接近于语无伦次。一个声称不为公共利益而是一部分人的私人利益服务的法律制度，存在着一些自相矛盾、不正常的地方。稍后我们将对此进行更详细的研究。但我只想说，在奥斯丁的观点中，没有任何东西可以解释宣称不是为了公共利益的法律制度内部存在的不一致性。毕竟，一个足够强大的奥斯丁的主权者可以直白地宣布，它的统治是为了自己的利益，那些不服从的人将受到严厉制裁。

## 1.3 实证主义的教训

奥斯丁的理论并不是一个切实可行的法的本质理论。但尽管如此，奥斯丁在法哲学史上有着巨大的影响力——不仅仅是作为所应该避免的错误的例子！原因在于，撇开奥斯丁的解释中存在的错误不谈，奥斯丁的观点中有两个核心论点被认为在很大程度上是正确的，任何更充分的法的本质理论都必须承认这一点。

第一个是奥斯丁坚持法是一种社会事实这一常识的首要地位。在对法的本质的解释中，我们是在做一种高级的社会科学研究，对社会实践进行抽象的描述。

第二个是奥斯丁坚持区分法是什么和法应该是什么。"法的存在是一回事，"奥斯丁写道，"它的优点或缺点又是另一回事。"[16] 冷血的现实主义要求我们不要把法浪漫化，不要给它戴上光环，让它变得比本来更像天使。虽然法可以实现崇高的愿望和征服不公正，但它也可以带来不光彩的腐败，成为不公正的工具。如果我们说法有权威是常识，我们需要意识到，无论我们如何解释，我们都不能解释为从道德上讲我们应该总是按照法的要求去做。如果我们说法为了公共利益是常识，我们需要意识到，无论我们如何解释，我们都不能解释为从道德上讲法总是为了人民的最大利益，合理对待所有受其约束的人。

这两个论点是相互关联的。法的存在是一个社会事实问题这一命题连同一些没有争议的附加前提，意味着没有必然的道德限制制约法律制度或法律规范的存在。认为法根源于社会事实，法的存在与它的道德品质之间缺乏必然联系的主张，被称为"法律实证主义"。（"实证主义"这个名字可能看起来很奇怪，而且缺乏信息，但其理念是法的本质是被设定的——也就是说，由我们来确立。）

奥斯丁对法的本质的主权者—臣民的解释是不充分的，但奥斯丁观点的不充分并不表明法律实证主义是错误的——事实上，人们很容易看到为什么它具有吸引力。然而问题是，一个更充分的实证主义，一个与奥斯丁的主权者—臣民的画面保持距离的实证主义，会是什么样子。

## 1.4 哈特的实证主义

哈特的著作《法律的概念》（*The Concept of Law*）可能是20世纪法律哲学最重要的著作，它对这门学科的转变作用是巨大而直接的。哈特的观点是一种毫不掩饰的实证主义观点：法是一个社会问题，是社会性的人工产物，因此，对于可以称为法的东西，没有必然的道德约束。于是，他以奥斯丁和其他人的观点为引子，清晰地阐述了一个法的本质的概念，这个概念招致了无数的批评，但从根本上看来仍然是正确的。

在哈特看来，对法的本质进行充分解释的关键，不是从命令的角度来理解法，而是从规则的角度来理解法，命令的作用域比规则要有限得多。我们可以命令别人行动，但我们不能（字面上）命令自己。我们可以命令行为的履行或不履行，但我们不能命令事情是这样的，也不能命令某人有权力做某事。我们需要一个比命令所提供的范围更广的概念：规则。在哈特看来，法是一种社会规则，或者更好地说，是一种社会规则体系。为了使这种对法的本质的分析清晰明了，哈特必须解释一般的社会规则是什么，以及是什么使法作为一种社会规则与众不同。

哈特认为，社会规则的一个重要特征是它们有内在的一面。[17] 哈特指出，我们应该区分所谓的"描述性社会规则"和"规范性社会规则"。仅当存在一种持续的社会行为模式，即某一群体的成员把做某件事"作为一种规则"时，一个描述性社会规则才出现。我可能会注意到，当我在一间入口在我左边的教室上课时，大多数学生坐在教室的左边；当我在一间入口在我右边的教室上课时，大多数学生坐在教室的右边。我可以说学生们倾向于坐在他们进入房间的那一边是一个描述性社会规则。但这只是对情况的描述，只是对学生就座习惯的事实陈述。没有迹象表明学生们曾经明确地形成这样的想法："嗯，我最好坐在房间入口一侧"或"看迈克，坐在房间入口的对面……他在想什么呢？他以为自己是谁，那么做？"没有迹象表明，人们把入口一侧和就座一侧的关系作为自己行为的指南，或者作为评价他人行为的依据。

像"我最好那么做"或者"他以为自己是谁，那么做？"是与规范性社会规则相关的想法，而不仅仅是描述性的想法。描述性社会规则只有一个外在方面：它们描述行为模式，仅此而已。然而，规范性社会规则有一个内在的方面。说有一个规范性社会规则存在，就是说（至少是一些重要的部分）一个群体使用这个规则来指导和证明自己的行为，以及赞扬和批评他人的行为。[18] 这些规则并不描述社会群体成员的行为；它们提供了一种规范，以供群体成员衡量自己的行为。

很明显，规范性社会规则并不必然需要一个命令者。井字棋的规则和礼仪规则都是社会规则的例子，这两件事的规则都不是由命令者之类的人制定的。很明显，规则不仅仅是对行为的规定或禁止。可能有社会规则是关于其他规则（what counts as something else）（只能沿着黑色或白色的方块对角移动的棋子称为象，这是一个国际象棋规则）或关于谁有权制定进一步的规则（主持人有权安排晚宴座位是一个礼仪规则）。

因此，哈特认为法是一种规范性社会规则。他主张，理解法律体系本质最好的方式是将其视为一个复杂的社会规则网络，其特性是作为对其他社会规则缺陷的反应而存在。要明白法律规则为什么是这样的，你需要明白为什么我们可能会对仅仅通过其他形式的规则而进行社会生活感到不满。[19]

想象一个仅仅由习俗规则支配的社会。习俗规则是一种规范性社会规则。它们可以在诸多方面告诉我们如何行为，什么该做，什么不该做。但是习俗规则也有一些缺点。习俗规则的第一个缺点为它们是不确定的。如果人们对习俗规则在特定情况下的要求有分歧，或者对习俗规则是什么有分歧，甚至对某一特定问题是否有习俗规则有分歧，可能是无法解决的。如哈特一样把这个问题看作一个不确定性问题可能有点误导：听起来好像可能存在是否有规则以及它意味着什么这样一个事实，但人们只是不能提出普遍令人信服的论据解释规则是什么。但问题可能比这更严重：问题是，在许多情况下，是否存在习俗是模糊的。记住，当一个群体的成员使用一个标准来评判自己和他人时，就存在一个规范性社会规则；但是有多少成员必须使用它（1/2 的人？3/4 的人？除了少数几个？全部？），以什么方式（一直追随它吗？只要他们不忘记？偶尔？），这也算是一种习俗规则？

习俗规则的第二个缺点为它们是静态的。说它们是静态的，并不是说它们永远不能改变——我们很清楚，习俗规则确实会随着时间而改变。这里指的是，习俗规则不受有意改变的影响。改变一个习俗规则需要很多人改变他们使用这条规则的想法——除非你确信其他人也会这么做，否则你可能不会对改变自己使用这条规则的想法感兴趣。所以，习俗规则具有极大的惯性。如果习俗规则总是明智的和适合于环境的，这将不会是一个问题。但它们往往是在偏见和无知中起步的；即使它们曾经非常适合其环境，环境也会改变，使习俗规则失去它们最初的合理性。更重要的是，也正是让我们很难改变或消除已经存在的习俗规则的惯性会使建立一个习俗规则变得非常困难，即使某些替代规则会使社会生活变得相当顺利。

习俗规则的第三个麻烦之处是如何发现、判断和处理违反这些规则的行为。习俗规则在惩罚违反规则的行为方面效率很低。当违规发生（或没有发生，但被认为或怀疑发生）时，缺乏一个有组织的方式来回应（或明确不需要这样的回应）。因此，没有一种解决办法可以结束关于遵守规则的争端。

习俗规则可能是不确定的、静态的和低效的。在某种程度上，这种含糊不清、一成不变和浪费是可以容忍的。但有一种方法可以改善它们。如果我们把这些规定社会生活基本义务和权利的规则称为初级规则，解决这些困难的一种方法是引入次级规则——其目的是识别、添加、修改或减少初级规则。[20]为了解决不确定性的问题，一个社会的规范可以包括认可规则，即具体规定哪些规则具有约束力以及如何识别它们的次级规则。为了解决一成不变的问题，一个社会的规范可以包括变化规则，即规定新规则如何引入系统的次级规则。为了解决效率低下的问题，一个社会的规范可以包括裁决规则，即用于解决关于规则要求之争议的次级规则。

根据哈特的分析，法是初级规则和次级规则的结合。他让我们从以下角度来思考法律。在典型的法律体系中，有一个公认的（通常非常复杂）承认规则，具体规定了在那个社会中什么是有约束力的法律规范。这种规则用于——至少是官员们使用，也可能是相当一部分臣民使用——决定什么是法律、什么不是。只有在某一特定社会的承认规则中得到这样的承认，其他法律规范才会在该法律制度中有效。

承认规则在哈特的叙述中占有非常特殊的地位。它是决定法律有效和无效的最终标准，因此它本身既不有效也不无效。哈特在这里使用了一个有帮助的类比。[21] 在巴黎，一米长度的官方标准一度是一根铂金条。那根铂金条的长度决定了米的长度。说那根铂金条有一米长是对的，但有一点误导——这和说"这张桌子有一米长"不一样。说标准米尺（这根铂金条）有一米长在某种意义上是正确的，但不是由于符合某个独立的标准，就像"这张桌子有一米长"可能是正确的那样。它本身就是度量的标准。承认规则就是这样的情况——它在共同体内确立了合法性的标准。

承认规则如何产生呢？再看：在巴黎，是什么确定标准铂金条的长度是一米呢？仅仅因为它被接受为标准，它才被视为标准。在巴黎，米的长度由铂金条确定是一个社会事实，即使普通百姓并不知道米的长度就是这样确定的，连锁的影响（通过科学家、米尺制造商、教师等）确定这就是一米。同样，在一个特定社会中，承认规则之所以是这样，是因为它被接受并作为确定合法性的基础。它在该社会中建构合法性的地位仅仅取决于它的接受程度。如此这般，特定社会中的承认规则是一个社会事实，即使普通老百姓不能详细说明一个承认规则是什么，连锁影响（通过法官、议员、律师、警察等）也会确定法律。

显然，哈特版本的法律实证主义满足了社会性常识——法律是否存在是一个社会事实问题，由人们在相互交往中的态度、信仰、意图和实践决定。它如何面对我们所认定的那些跟法与权威和公共利益的联系有关的其他主要常识呢？关于权威常识，哈特的观点显然比奥斯丁的更成功。回想一下，奥斯丁的困难在于，在他看来，遵守的原因是法所附带的制裁；因此，臣民遵守的原因不是法律规范本身，而是不遵守之后可能受到的处罚。但哈特的观点不同。他的部分分析认为，被相关的人作为行动的理由是成为规范性社会规则的依据。而且，法不仅被视为遵循的理由，还被视为更深层次的原因。由此看来，哈特的实证主义可以通过将事实上的权威归因于法律来解释权威常识：至少官员和大部分臣民都将法律概念的部分内涵视为遵守的决定性理由。

哈特没有主张的是，法律必须具有真正的权威是法律概念的内涵。在他看来，可能存在作为权威被接受的法律，但实际上并非如此，因为它不值得真正权威所应得到的那种尊重。部分原因是，哈特援引的社会性常识表明，事实上法律在道德上可能非常坏——因为法律是一种人类制度，由易犯错误的、有时候更是邪恶的人制定，我们没有依据认为一个法律制度不能很烂。那么，人们可能会认为，关于法律以公共利益为导向的常识，哈特能说的唯一一件事就是奥斯丁所说的：我们应该使我们的法律在道德上尽可能善。但事实上，哈特说的比这还要多一点。

关于法和公共利益之间的联系，哈特认为在实际的法律体系中存在着他所称的"自然法的最低内容"。[22] 我们将在本章后面更彻底地讨论自然法思想，但现在我们只把它理解为道德——在实际的法律体系中有最低限度的道德内容。

他究竟是什么意思？他想说的是，尽管人类社会在道德信仰上存在着巨大的差异,但在生存作为人类目的这一点上却有着惊人的共识,这是一个人们有强烈理由去追求的目的。这样,如下观念就成了法律制度的一个重要真理,即,除非那些法律制度为生活在其中的(大部分)人提供基础,否则他们不会认为有足够的理由遵守该法律制度的规范。因此,存在一种合理的压力,要求法律制度至少能提供一种基本的保护,使之免遭那些阻碍人类生存的邪恶的侵害。因此,即使法律制度可能剥夺大部分人的这些保护,或可能会在其走向消亡的过程中不再尊重这些限制,但法律至少还有最起码的公共利益取向。

## 1.5 插曲:强实证主义和弱实证主义

哈特的实证主义仍然是一种被广泛肯定的关于法律本质的论述。但是由罗纳德·德沃金(Ronald Dworkin)提出的对哈特观点的一种批评,最终导致了实证主义阵营内部的分裂,这种分裂至今仍是实证主义阵营中一个严肃的学术争论问题。[23] 德沃金认为,哈特的实证主义没有充分解释与规则相对照的原则如何在法律中扮演一个角色。德沃金指出,通常在法官会诉诸一些原则来为自己的判决进行辩护的案件中,并没有明确说明这些原则是如何成为法律的。例如,在里格斯诉帕尔默(Riggs v. Palmer)一案中[24]——一个年轻人为了获得祖父遗嘱中的遗产而谋杀了他的祖父。虽然被判犯有谋杀罪,但这个年轻人仍然对遗产提出了法律要求,认为没有关于继承的法律可以阻止杀人犯继承受害者的遗产。虽然同意对现行法规的简单解读并不能排除杀人犯继承受害者遗产的可能性,但法院诉诸任何人都不应被允许通过自己的不法行为获利的原则,还是作出了不利于他的判决。这种导致判决似乎与简单阅读法规或遵循判例带来的结果相悖的对原则的诉诸，在这些案件中普遍存在，因此需要解释。不过，有一种可能的解释与实证主义的法律研究方法极为对立：就是因为这些原则在道德上具有吸引力，它们才成为法律的一部分，因此可以被法官用来为特定的判决辩护。接受这种解释的人将不再是一个实证主义者，因为他或她正在否认所有的法律规范最终根源于社会事实。

为了维持一个实证主义者的身份，人们必须绕过直截了当的解释，提供另一种选择。对于道德原则如何最终成为法律的一部分给出另一种解释，以便法官在判决案件时可以合法援引，这一任务是法律实证主义分成两大阵营的根源。问题是法律实证主义应该是（使用目前流行的标签）"强的"还是"弱的"，"排外的"还是"包容的"，"非合并主义者"还是"合并主义者"。这两个阵营之间的问题是，如何理解法律是一种社会事实的限度（constraint）。强实证主义和弱实证主义都认为法律和道德之间没有必然的联系。他们争执的是道德是否有可能被纳入法律。强实证主义者说"不"：法律的社会性意味着法律在任何社会中的存在完全是一个社会事实的问题，而根本不是一个道德事实的问题。于是，强实证主义者对德沃金的回应是，否认道德原则能成为法律的一部分供法官裁判使用；相反，当法官从事道德推理时，他们在作出裁决时超出了法律。弱实证主义者说"是"：某些社会的法律内容是否包括道德规范本身就是该社会的社会事实。那么，弱实证主义者对德沃金的回应是，当且仅当那个社会的承认规则承认道德或道德的某些部分是法律时，道德原则（如没有人应该从他或她自己的不当行为中获利）才是该社会法律的一部分。

第 1 章 分析的基本原理：法的概念　　*35*

让我们思考一个例子使问题更加具体。假设我们考虑一下美国宪法中规定不得施加残忍和罕见刑罚的条款。有人可能会认为"残忍"是一种道德观念——将一种行为称为"残忍",在某种程度上就是对其进行道德评价。现在的问题是:这个宪法条款的存在是否意味着道德已经内置于法律,使得与刑罚相关的法律关涉的不仅仅是在美国起支配作用的承认规则以及该规则下宪法作为法律的地位的问题,而且还包括在相关道德意义上怎样才算作残忍的问题?弱实证主义者和强实证主义者一致同意——因为他们毕竟都是实证主义者——不得实施残忍和罕见刑罚在美国是否是法律取决于一个社会事实:有一个承认规则把宪法文本确定为法律。但他们对法律是否包含涉及残忍的道德事实——将人绑着双手吊在沸腾的油上是残忍的,用大锤打人的膝盖骨是残忍的——存在分歧。

弱实证主义者认为,法律没有理由不能包含这些道德价值。尽管哈特在《法律的概念》一书中对这一问题的看法并不明确,但他后来为那本书写了附言,直到他去世后才出版,在附言中(作为对德沃金批评的回应)他肯定了弱实证主义。他承认允许将道德价值纳入法律可能会使法律的内容更加不确定是事实,但请记住,不确定性是法律旨在补救的弊病之一——确定性不是法律可能要实现的唯一价值,而将道德价值纳入其法律规范可能会更好地服务于社会。[25] 附言也指出弱实证主义似乎符合如下事实:当法官寻求应用这种包含道德语言的规范时,他们认为自己是应用道德推理发现法律是什么——除非道德价值本身就包含在法律中,否则法官几乎不可能通过道德推理发现法律。

因此,我们有理由认为,弱实证主义是实证主义的一个貌似合理的版本,但我们可能会好奇为什么会有人坚持认为道德价值不能被纳入法律。强实证主义者坚定地认为，无论一个人多么努力去尝试，都无法制定出包含道德的法律。

对强实证主义最详尽的辩护来自约瑟夫·拉兹（Joseph Raz），他本人就是哈特的学生。[26] 这个论点特别有趣的地方在于它运用了法是权威的这一常识来证明强实证主义一定是正确的。拉兹的第一个观点是：法是权威的这一常识至少应该被理解为，法宣称自己是真正的权威——只要存在法律制度，它都宣称自己是真正的权威。但如果法宣称自己是真正的权威，那么它必须是某种真正具有权威的事物——法无论何时何地都自称是真正的权威，这想来是很奇怪的，即使在原则上，它也不是真正具有权威的事物。从法对权威的宣称中，我们知道它具有所谓的"权威潜能"。

拉兹的第二个观点是：权威的角色和功能是给人们提供指令，帮助人们更好地行动——根据他们已有的行动理由更好地行动。（拉兹称之为权威的"服务"概念。）为了让权威的命令能够胜任这项工作，那些遵循这些命令的人必须能够理解并应用它们，即使他们不能自己决定如何根据适用于他们的理由行事。如果人们想通过使用法律规范来更好地根据适用于他们的理由行事，他们必须能够掌握这些法律规范，而不只是识别出适用于他们的理由。

拉兹将这两点结合起来，提出了一种强实证主义观点。法律必须具有权威潜能，但只有当人们能够理解法律的要求，而无须经过自己的道德思考时，它才具有权威潜能。因此，法律必须是一个人不经过自己的道德思考就可以理解的。但是，如果道德价值被纳入法律，一个人就只有通过自己的道德思考才能理解法律的要求，所以道德价值不能被纳入法律。

拉兹当然认识到显然存在嵌入道德的法律语言，但他认为这

第1章　分析的基本原理：法的概念　　37

只是表象而已。在拉兹看来，当法律规定不能实施残忍的刑罚时，这并不意味着法律包含了道德价值。除非有一个权威的判决——比如法官的判决——认定了"残忍"，否则关于刑罚的法律是未确定的。法律可以授权法官进行道德推理决定是否取消某一法规（例如，一个规定用沸油作为刑罚的法规），但我们不应该理解为法官发现法律，而是法官在行使有限的立法权力。

强实证主义和弱实证主义之间的争论是关于社会性和权威性如何在我们的法律概念中融合在一起的争论。强实证主义的主张是，权威的要求实际上对法律在多大程度上由社会事实决定提出了很高的要求。弱实证主义者对此予以否认，认为法律规则的内容在多大程度上由社会事实决定，其本身也部分地由社会事实决定。因为都是实证主义，这些观点具有统一性，但在一个社会的承认规则在认可法律时存在何种限制这一问题上存在分歧。在这个问题上，有趣而又自相矛盾的是，强实证主义者与自然法理论家是一致的。我们将在下面回到对这种相似性的讨论。

## 1.6 自然法理论

作为一种法的本质观，法律实证主义的主要反对者被贴上了"自然法理论"的标签。"自然法理论"可能不是这一观念最好的名称——这种观念在法哲学中被冠以这个名称有点历史的偶然——但这是一个传统的标签，在这里我就不试着替换它了。[27]

自然法理论是与奥斯丁提出的法律命令说和哈特提出的修正版实证主义相反的法的本质观。自然法理论，就像法律实证主义一样，有各种各样的形式，我们将不得不花一些时间来思考如何最好地确定这个理论的要点。但是，我们可以从简单地把自然法理论看作是对实证主义如下观点的否定开始：达到某种道德标准并不必然是合法性标准的一部分。实证主义者只把社会事实作为所有规范合法性的依据，但自然法理论家想说还有一种进一步的测试——某种道德测试，或合理性测试——所有真正的法律规范必须满足。

你可以这样想，强实证主义者认为只有社会事实才能确定什么是法律。弱实证主义者认为道德可以参与确定什么是法律，只要有一个建立在社会事实基础上的承认规则就能这样说，而且道德参与确定什么是法律绝不是一个必然事实。自然法理论家认为道德参与确定什么是法律是一个必然事实。在某种程度上，道德约束着合法性，不仅作为一种理想（法在道德上应该是善的），而且作为一种必然（为了成为法，规范必须在某种程度上是道德上可以接受的）。

在许多人看来，自然法理论是如此反直觉以至于简直不可思议。有人可能会问，像法律这样一个人造的制度原来在道德上必然是可接受的，这是什么样的魔术把戏？我们将通过观察当代版本的自然法理论——从主流自然法传统的立场来看，有点被冲淡了——来探讨这个问题，看看为什么人们可能会倾向于肯定它。一旦我们明白了为什么人们可能会倾向于肯定这种弱化了的理论，我们就能更好地理解和评价更强大的传统自然法立场。

### 1.6.1 富勒的程序自然法理论

朗·富勒（Lon Fuller）是哈特的一个比较有趣的批评者，当哈特在牛津大学教书时，他在哈佛大学教法律。富勒批评哈特在确定合法性时把所有的重点都放在了法律渊源上。富勒认为，合法性的本质还体现在规范本身的内容上。关于人们在什么情况下把某些规范当作规则,我们从哈特那里学到了很多,但是我们没有获得来自哈特的详细研究,即一些规范必然无法成为法是否因为它们本质上缺乏成为法律的潜能。

回想一下奥斯丁。在奥斯丁严格的实证主义中,他在被视为法律的命令上放置了一个非常有趣的条件:命令的形式必须是普遍的。命令的形式必须是"C班的所有人都必须做x",而不是"你——做那个!"意思是我们的法律概念包含了普遍性——也就是说,它不仅是在特定话语场合下的行动指南,而且是在人们涉足的各种场合中。

富勒的观点是,奥斯丁在这一点上是正确的,但奥斯丁没有认识到,作为法律的规范有各种各样的限制。富勒通过一个关于雷克斯国王(King Rex)的思想实验,生动地表达了自己的观点。雷克斯国王是一位可悲的不称职的君主,他抹掉了过去的一切,并着手制定新的法律法规。[28] 一开始,雷克斯决定不公布任何一般规则,只作出特定的裁决:国民非常不满,因为雷克斯的裁决没有可察觉的模式,他们也没有办法确定雷克斯如何裁决一个又一个案例。于是,雷克斯试图制定一般规则,但不确定它们是否合理,所以他决定将要应用的规则保密:国民再一次愤怒了。后来雷克斯认为追溯更容易裁决案件,所以每年他都会制定规则,根据这些规则来裁决前一年的案件。国民再一次发现这种方式极度成问题。雷克斯在试图制定法律时还遭遇了更多的不幸:他的努力制定出了难以理解的、矛盾的、无法遵循的规则,规则总是在变,且与他的司法裁决无关。

富勒将这种思想实验称为"无法制定法律的八种方式"。[29] 他的论点是,这个寓言可以作为一种与实证主义观点相反的清晰案例;因为雷克斯的指令不需要违反实证主义者的限制,所有相关的社会事实可能都是合适的。为了解释雷克斯的规定为何未能构成法,我们需要求诸的不是规范的来源,而是规范本身——它们缺乏被视为法的适当形式。

如下看法是富有启发的:富勒的条件不仅是一长串的限制,而且统一于法是权威的这一常识之下——意味着它是生活在其中的人们的行动指南。[30] 如果人们要用法律规范来指导自己的行为,富勒提出的每一个条件都必须得到满足。毕竟,如果法律规范无法遵循——它们是自相矛盾的、不可理解的,或者是临时的,那么又怎么能用法律规范来指导人们的行为呢?富勒称之为"程序"自然法理论,强调法律必须以特定的方式,采用特定的形式制定。[31] 那么,对法律的合理内容就有一种限制,一种源于法律作为权威制度的要求。

### 1.6.2　阿奎那的实质自然法理论

奥斯丁的法律理论是法律实证主义的典型形式,阿奎那的法律理论则是自然法理论的典型形式。无论对于追随其观点的人,还是反对他的人,阿奎那对法哲学的影响力怎么说都不为过。[32]

阿奎那所关注的不仅仅是我们所关注的那种法——针对某个人类社会的人法。他的关注超越了这一点,延伸到上帝强加给宇宙和其中的理性生物的各种各样的法则。因此,他从询问一般的法是什么开始他的研究。他的结论是:"法是以公共利益为目的的理性律令,由负责治理社会的人制定并颁布。"[33] 我们应该如何理解这个定义,它如何适用于人法,以及阿奎那如何为它辩护?

从法是理性的律令这一定义开始。法是理性的律令意味着法是行为的理性标准——理性存在(rational beings)引导其行为的方式。为什么阿奎那会这么想?

> 法是一种行为规则和标准，根据它，人们被促使行动或被约束不行动，因为 lex（法）一词被认为是来自 ligare（纽带），因为它把一个人与其行为联系起来。但是人类行为的规则和标准是理性，理性是人类行为的第一原则……因为根据哲学家（亚里士多德）的观点，理性是实践的第一原则，人们始终按照理性安排事物。然而，任何特定事物（genus）的原则是该事物的标准和规则……因此法是与理性有关的事物。[34]

虽然这一论点是用我们不熟悉的术语表达的，但其主旨却很清楚。阿奎那的观点是，不管我们认为法是什么，我们都同意法包含规则，即评价我们行为的强制性标准。此外，所涉及的评价本质上是实践的：法设定的标准是"促使某人行动或约束某人不行动"的标准。但唯一能促使理性存在作为理性存在采取行动的标准是理性标准。因此，法必然是一种行为的理性标准。

在阿奎那对法的完整定义中，法是一种行为的理性标准这一要素是首要的，其他要素从属于它，阿奎那基于法是理性的规则这一主张认为法是为了公共利益的，由一个负责管理共同体的人制定和颁布。为什么法必须为公共利益服务？因为法是用来规范群体行为的，而决定一个群体成员行为合理性的是该群体的公共利益。[35] 为什么法必须只能由负责管理共同体的那个人制定？因为虽然任何人都可以就如何合理地规范群体行为提出建议，但只有负责作出这些决定的那个人才能对应该做什么作出权威的裁决，从而为该群体的成员设定必须遵循的标准。[36] 为什么法必须颁布？因为一个理性存在除非有办法意识到标准的存在，否则无法按照理性标准行事，法作为权威的地位，以及它的内容和颁布提供了意识到的条件。[37]

说法律是行为的理性标准似乎有些奇怪，因为有许多法律似乎根本不来自于理性的考量。毫无疑问，美国税法或弗吉尼亚州机动车法的细节，都不是一个人坐下来清晰思考应该为美国制定什么样的税法或应该为弗吉尼亚制定什么样的机动车法时必须要想到的东西。(缴税日期可能是4月30日而不是4月15日；弗吉尼亚州高速公路的车速限制可能是60英里而不是65英里。) 阿奎那意识到了这种潜在的批评，并希望将他的观点与认为所有法律都反映已经存在的理性要求的观点划清界限。如果把那些告诉我们在政治共同体中应该如何行动的理性规则称为"共同生活原则"，那么阿奎那想说的是，所有人类的法律都以两种方式之一植根于共同生活原则。[38] 一方面，它可能通过演绎的方式植根于那些原则：部分人法只是反映了我们能自主获知的良好共同生活所必需的东西。所以我们有人法禁止谋杀、强奸、殴打和欺诈：所有这些行为都会对一个政治共同体的共同生活造成损害，我们理性地应该避免这些行为，即使法律不禁止它们。另一方面，有些法律作为"多数人的决定"植根于共同生活原则。换句话说，在某些情况下，人法不是通过复制共同生活原则起作用，而是通过超越这些原则，在这些原则及其含义模糊的地方"填补空白"。很明显需要道路规则：但需要何种规则呢？政治当局的运作显然需要筹措资金：但如何筹措呢？有许多同样可以接受的可能性，但重要的是我们要确定一个共同的方案。这些决定在法律规定之前并不是理性的要求；在阿奎那看来，它们因为合理解决了如何使共同生活原则更加明确的问题并由"负责管理共同体"的公共权威确定而成为理性的要求。

无论人法是通过演绎还是决定的方式从共同生活原则中衍生

出来，阿奎那的观点都坚决否认仅仅是一种规范的谱系及其渊源确立了规范作为法的地位。阿奎那似乎确实得出了这些结论，这让后来的实证主义者非常沮丧。如果我们说法是理性标准，或者法是为公共利益而设的，那么，即使是由公认的立法机关通过的规范，或由君主颁布的规范，如果它是不合理的，也不能算作法。这似乎是阿奎那的结论：这些规则是"暴行（acts of violence）而不是法"[39]。

41 　　这是一个大胆的主张。我们有必要回顾一下富勒的观点，看看为什么人们会倾向于这种立场。回想一下，富勒的观点是，有些根本无法指导行为的规范，即使它们的社会谱系是无可非议的，也不能算作法。有人可能回应富勒说："你什么意思，这些形式上有缺陷的规范不能指导行为吗？它们当然可以指导行为。一个人对一种矛盾规范的反应可能是试图同时实施这两种矛盾的行为。一个人对一种不切实际的（impossible）规范的反应可能是试图去做不切实际的事情。一个人对一种模糊规范的反应可能是试图确切地做自己尚不清楚是否应该做的事情。所以你说这些规范不能指导行为是错误的。"为什么这一对富勒的回应并不恰当呢？能被"必须做某事而不是试图做某事"的规则所引导的更直截了当的路径是什么？

　　对上述回应最合情理的回应方式是说这不是我们所寻求的行动导向，因为如此行为不是理性的反应；说一个人不能被一种规范引导，也就是说一个人不能被它理性地指导。但如果有人接受这一点，那么阿奎那就有了一个突破口。因为他可以说，除非一个所谓的法律规则实际上是合理的，否则一个人不可能被它理性地引导；一个人用完全不合理的规范来指导自己的行为是荒谬的。一旦接受某种规范因其形式而不合法，那么似乎不得不接受

44　法哲学基本原理

某种规范因其实质而不合法。

自然法理论家可能会进一步尝试从一个最不可能的来源——强实证主义者那里寻求帮助和安慰。有人可能会认为这些观点从根本上是对立的：强实证主义者不仅认为合法性不必然受道德约束，而且认为合法性必然不受道德约束；自然法理论家当然认为道德必然制约合法性。但他们存在一个有趣的反弱实证主义的共同点：他们一致认为，可以成为法的规范的种类是有限制的，无论关于规范接受的社会事实看起来是什么。强实证主义者认为，法不包含道德是一个对法的先在限定。自然法理论家认为，法在共同生活原则的约束下运行是一个对法的先在限定。两者都认同对法律规范内容的先在限定。

我们稍后再来讨论这些观点是否成功地支持了阿奎那的观点，并影响了对自然法立场提出的其他反对意见。但支持阿奎那观点的情形值得牢记。我们可以从法的常识来解释这种情形。阿奎那的观点满足了社会性要求：阿奎那强调，人法仅在由负责管理共同体的人制定并颁布的情况下才存在；这些都是社会事实的问题，因此，没有这些赖以存在的社会事实就没有人法。（阿奎那的理论似乎倾向于奥斯丁的主权观，设想一种基本的立法权威；在这一点上，当代的自然法理论家可能会寻求哈特的指导来修正阿奎那的立场。）阿奎那与实证主义者的不同之处在于，他坚持认为，法不仅仅是社会事实：有规范性标准来限定知名（pedigreed）规范是否为法。阿奎那认为，法本质上是一个行为的理性标准，约束其管辖下的臣民（从而满足法是权威的这一常识），其权威来源于为实现公共利益提供了手段（从而满足法是为了公共利益这一常识）。

对自然法观点来说，最严重的困难在于，它们似乎与现实的法律情形背道而驰。似乎有无数人们没有决定性的理由去遵守却被法官、立法者和臣民承认并接受为法律的恶法例子。正如布莱恩·比克斯（Brian Bix）所说：

> 基本观点是，"法律效力"的概念与在特定社会中被认为具有约束力的和国家强制执行的东西紧密相连，而且似乎相当清楚的是，在很多社会中不道德的法律被认为具有约束力和强制执行。有人可能会回答说，这些不道德的法律并不真正具有法律效力，官员们把这些规则当作合法有效的是错误的。然而，这只是玩令人困惑的文字游戏。"法律效力"一词被约定俗成地当作有约束力的来使用；说所有官员在法律效力问题上可能是错的几乎是无稽之谈。[40]

安德烈·马莫尔（Andrei Marmor）为拒绝自然法观点提供了类似的理由：

> 以某种法律体系为例，比如公元1世纪的罗马法；让我们假设有一个特定的规范P，被当时的罗马律师承认是他们法律体系的重要组成部分。根据法律的"真正本质"，尽管他们没有意识到，P确实不在他们法律体系的延伸范围内，那么说律师这一共同体犯了一个错误是否有意义呢？
> 
> 我认为答案毫无疑问是否定的，在法律上如此广泛的识别错误是完全无法解释的。[41]

比克斯和马莫尔似乎是对的：我们应该很难接受把一种普遍共识——规范就是法——简单地当作一种错误来对待。虽然有一些类型的普遍错误无疑是可能的——天文学、道德或生物学的错误——与关于法的错误不同：说某个社会所有人在那个社会的法是什么问题上犯了错误就跟说所有讲英语的人在英文单词"blue"意味着什么的问题上犯了错误一样奇怪。是使用确定了"blue"的意思；同样是某个社会中的人们对待某些规范的方式确立了它作为法的地位。这种举证责任沉重地压在自然法理论家的肩上。

## 1.7 一个供参考的解决办法

实证主义有其明显的吸引力。法律作为一种社会制度的清晰地位，使我们希望尽可能地只从社会事实来解释合法性。但是，一旦我们发现对可能合法的规范诉诸某种形式限制的情形，我们就很难否认也存在实质性的限制。然而，当我们看到这将使我们不得不否认《逃亡奴隶法案》是法的论点时，我们理所当然地犹豫了，想知道我们如何得出这个自相矛盾的结论。

让我提出一个解决方案以结束对法哲学分析基本原理的讨论。也许，认为富勒正确认识到他的"无法制定法律的八种方式"是对合法性的限制可能是错误的。我们暂时接受他的观点，即理性行为的指导要求接受这些限制。这可能是对的，但我们要说的是，为什么一个不能指导理性行为的规范足以排除它的合法性呢？即使法律的目的是引导人理性地行为，一个规范不能做到这一点也不能说明它根本就不是法律，仅表明它是有缺陷的、糟糕的法律。[42]

为了明白这种观点的特殊性，我们需要多说说缺陷的观念。说某物有缺陷，并不是说它有我们不喜欢的地方。比起没有毛病的闹钟，我可能更喜欢有毛病的闹钟，因为我不喜欢早上被人叫醒。说某物有缺陷，就是说它属于某种类型，并且有某种（本质的、必然的）理想标准内在于这类成员。在某种程度上，如果闹钟不能在一个人希望被唤醒时发出警报，那么就是有缺陷的。但即使它不会发出警报也还是闹钟：它可能坏了、做得不好，等等。

缺陷的观念在人工制品（闹钟、吸尘器、椅子）和自然事物（鸭子、秋海棠、人类）中都很常见。我想说的是，理解自然法替代法律实证主义的最好方法可能不是作为对合法性的另一种解释，而是作为一种对无缺陷（nondefective）合法性思想全面发展的解释。自然法理论家可以说法是一种具有一定本质的理想标准的事物。富勒的观点可能在某种程度上解释了对无缺陷合法性的形式限制。阿奎那的观点则更进一步，解释了法要想不存在缺陷，就必须有面向公共利益的实质性取向。这些观点不必然与哈特这样的实证主义图景相矛盾：哈特的观点提供的主要是对法存在条件的解释，而不是对其无缺陷性条件的解释。

这种观点最有力的情形是它处理法的常识的强大方式，而不像更直接的自然法观点所建议的那样在明确的情形中采取反直觉的立场。就社会性常识而言，法的存在完全是一个社会事实问题。就权威常识而言，我们可以说：第一，法的本质是事实上的权威（至少对一些相关人群，例如官员）；第二，法的功能是给予真正的权威指导，因此无缺陷的法是真正的权威。最后，就公共利益而言，我们可以说法是以公共利益为导向的，法运作的目的就是服务于公共利益。不能服务于公共利益的法是有缺陷的，这就是为什么一个否认服务于公共利益的法律体系是奇怪和矛盾的。一个宣布它不是为了公共利益的法律体系，就如同一个标有"不能用来唤醒人"的闹钟。

## 延伸阅读

法律实证主义的经典文本是：John Austin, *Province of Jurisprudence Determined*, Cambridge, UK: Cambridge University Press, 1995.

汉斯·凯尔森的著作对实证主义思想的发展也有很大影响，例如 Hans Kelsen, *Pure Theory of Law*, 2nd edn., trans. Max Knight, Berkeley, CA: University of California Press, 1967.

H. L. A. Hart, *The Concept of Law*, 2nd edn., Oxford: Clarendon Press, 1994. 该书以现在最熟悉的形式有力地重申了实证主义观点。

Joseph Raz, *The Authority of Law*, Oxford: Oxford University Press, 1979; Joseph Raz, *Ethics in the Public Domain*, Oxford: Clarendon Press, 1994. 约瑟夫·拉兹在此二书的多篇文章中为他的强实证主义辩护。

最近对强实证主义的新辩护来自 Scott Shapiro, "On Hart's Way Out", in Jules Coleman (ed.), *Hart's Postscript*, Oxford: Oxford University Press, 2001, pp. 151-191.

朱尔斯·科尔曼在其他地方为弱实证主义辩护：Jules Coleman, *The Practice of Principle*, Oxford: Oxford University Press, 2001, pp. 67-148.

John Gardner, "Legal Positivism: 5 ½ Myths", *American Journal of Jurisprudence*, 46 (2001), pp. 199-227. 约翰·加德纳在该文中对实证主义命题进行了精彩的讨论。

自然法理论的经典文本是托马斯·阿奎那（Thomas Aquinas）

的《神学大全》(*Summa Theologiae*)中的《论法律》。See Aquinas, *Treatise on Law*, ed. and trans. R. J. Henle, Notre Dame, IN: University of Notre Dame Press, 1993.

Lon Fuller, *The Morality of Law*, New Haven, CT: Yale University Press, 1964. 该书试图对抗哈特的实证主义。

另一种有时被描述为自然法立场的观点（但在我看来它更关乎的是裁决而不是法律的本质）是罗纳德·德沃金的观点：SeeRonald Dworkin, *Law's Empire*, Cambridge, MA: Harvard University Press, 1986.

最近关于自然法观点最重要的解释来自于 John Finnis, *Natural Law and Natural Rights*, Oxford: Clarendon Press, 1980. 另见 Michael Moore, "Law as a Functional Kind", in Robert P. George (ed.), *Natural Law Theory*, Oxford: Oxford University Press, 1992, pp. 188-242; Michael Moore, "Law as Justice", *Social Philosophy and Policy*, 18 (2001), pp. 115-145; Mark C. Murphy, *Natural Law in Jurisprudence and Politics*, New York: Cambridge University Press, 2006.

马克·C. 墨菲和布莱恩·比克斯（Brian Bix）（分别）对自然法和实证主义观点的简要概述，见 Martin P. Golding and William A. Edmundson (eds.), *Blackwell Guide to Philosophy of Law and Legal Theory*, Malden, MA: Blackwell, 2005, pp. 15-28, 29-49.

## 注 释

1. Bertrand Russell, *Human Knowledge: Its Scope and Limits*, New York: Allen and Unwin, 1948, p. 154. 这个例子是伯特兰·罗素在该书中提出的版本。
2. John Austin, *The Province of Jurisprudence Determined*, ed. Wilfrid E. Rumble, Cambridge, UK: Cambridge University Press, 1995（1832 年首次出

版）.

3. Ibid. , Lecture I, pp. 21, 25.

4. Ibid. , Lecture I, pp. 21-22.

5. Ibid. , Lecture VI, pp. 168-169.

6. Ibid. , Lecture V, p. 158.

7. Ibid. , Lecture V, p. 111.

8. Ibid. , Lecture II, p. 41.

9. H. L. A. Hart, *The Concept of Law*, 2nd edn. , Oxford, UK: Clarendon Press, 1994（1961 年首次出版）, pp. 26-78.

10. Ibid. , pp. 28.

11. Ibid. , pp. 29-33.

12. Ibid. , pp. 51-54.

13. Austin, *Province of Jurisprudence Determined*, Lecture I, p. 23.

14. Hart, *Concept of Law*, pp. 82-83.

15. See Robert Alexy, *The Argument from Injustice*, trans. Bonnie Litschewski Paulson and Stanley L. Paulson, Oxford: Clarendon Press, 2002. 他问我们如何看待 X 国宪法，这个宪法开头就宣称"X 是一个主权的、联邦的、不公正的共和国"（第 36 页）。阿列克西认为我们会发现这不仅是不寻常的，而且是"有缺陷的"（第 36 页）和"荒谬的"（第 37 页）。

16. Austin, *Province*, Lecture V, p. 157.

17. Hart, *Concept of Law*, p. 56.

18. Ibid. , p. 55.

19. Ibid. , pp. 91-94.

20. Ibid. , pp. 93-99.

21. Ibid. , p. 109.

22. Ibid. , pp. 192-200.

23. Ronald Dworkin, "The Model of Rules-I", in *Taking Rights Seriously*, Cambridge, MA: Harvard University Press, 1977, pp. 14-45.

24. 22 N. E. 188（N. Y. 1889）.

25. Hart, *Concept of Law*, pp. 250-254.

26. Joseph Raz, "Authority, Law, and Morality", *Monist* 68 (1985), pp. 295-324.

27. 阿奎那说实践理性的原则——那些告诉我们如何合理行事的原则——既是上帝为我们行为制定的律法,也是天生可知的,即使没有特殊的神的启示。实践理性原则既是规律又是自然法则,因此也是自然法。因为阿奎那说法律必须符合理性,且把理性的基本原则与自然法等同,所以他有时说人法必须符合理性,有时又说人法必须符合自然法。但对阿奎那来说,这是一样的。阿奎那的法理论之所以被认为是自然法理论,是因为他认为人法符合自然法是对其合法性的一种限制。这个标签是不恰当的,因为有这么一些作者,他们虽然认为理性或道德的原则是对合法性的一种限制,但他们不相信这些理性或道德的原则是神法(God-given law)。尽管严格来说他们并不相信自然法,但这些作者也被认为是自然法理论家。

28. Lon Fuller, *The Morality of Law*, New Haven, CT: Yale University Press, 1964, pp. 33-38.

29. Ibid., p. 33.

30. Ibid., p. 53.

31. Ibid., pp. 96-97.

32. 阿奎那论法的最重要著作只是《神学大全》的一小部分。《神学大全》是一部13世纪的神学巨著。这部巨著分为三部分,第二部分又分为两部分;所有对这本书的引用都以部件编号(Ia、IaIIae、IIaIIae或IIIa)开始。每个部分都包含一些"问题"(更像主题)和"文章"(更像特定的问题)。在《神学大全》中,对特定讨论的完整引用将给出部分编号、问题编号和文章编号。包含阿奎那自然法学说核心内容的"法论"位于《神学大全》的 IaIIae QQ. 90-97。文中引用来自 *Summa Theologiae*, trans. Fathers of the English Dominican Province, Westminster, MD: Christian Classics, 1981.

33. Aquinas, *Summa Theologiae*, IaIIae Q. 90, A. 4.

34. Ibid. , IaIIae Q. 90, A. 1.
35. Ibid. , IaIIae Q. 90, A. 2.
36. Ibid. , IaIIae Q. 90, A. 3.
37. Ibid. , IaIIae Q. 90, A. 4.
38. Ibid. , IaIIae Q. 95, A. 2.
39. Ibid. , IaIIae Q. 96, A. 4.
40. Brian Bix, "Natural Law Theory: The Modern Tradition", in Jules Coleman and Scott Shapiro (eds. ), *Oxford Handbook of Jurisprudence and Philosophy of Law*, New York: Oxford University Press, 2002, pp. 61-103, quotation pp. 72-73.
41. Andrei Marmor, *Interpretation and Legal Theory*, New York: Oxford University Press, 1992, pp. 96-97.
42. 关于这一观点的辩护，参见 John Finnis, *Natural Law and Natural Rights*, Oxford: Clarendon Press, 1980, pp. 9-18; Mark C. Murphy, *Natural Law in Jurisprudence and Politics*, New York: Cambridge University Press, 2006, pp. 29-59.

# 第2章
# 规范性基本原理：
# 典型法律制度的基本角色

## 2.1 何谓典型法律制度的基本角色？

回想一下在第 1 章中讨论过的哈特对法律制度性质的论述。按照哈特的观点，我们可以把法律制度看作是对各种问题的回应，而这些问题是在共同体生活只由初级规则组织起来的情况下产生的。生活在仅有初级规则的社会可能遭遇规则的不确定状况、规则的修改和规则的适用方面的困难。一个典型法律制度引入了承认规则、变更规则和裁决规则来弥补这些缺陷。

随着新的特定法律规则的引入，产生了新的社会角色，这些新的社会角色具有鲜明的法律特征。何谓一个社会角色？正如我所使用的术语，社会角色可以被定义为一套规则。一个角色由两种规则构成：任职规则（occupancy rules）和履职规则（performance rules）。任职规则规定那个角色必须具备的条件，履职规则规定扮演该角色的人要做什么。例如教师这个角色，如果我们想要描述这个角色与其他角色的区别，我们需要说两点：一个人有什么特点使他或她成为一名教师，以及一个人必须做什么才能算是一个好老师。

那么，作为法律制度基础的社会角色是什么呢？在一套习惯规范下，人们认为自己受到规则的约束，但随着法律制度的引入，产生了一个相似但又极其不同的角色：臣民。在一套习惯规范下，规则的存在和内容，以及它们在特定情形中的应用，往往被不严谨地解释为一些人如何管理他们自己的行为；但随着法律制度的引入，产生了两个独特的角色：法律的制定者——立法者，和法律的使用者——法官。（实践中两者总是无法截然区分：法官们经常在法庭上提出新的规则来解决现有法律无法解决的争议，从而制定新的法律，这是一个公认的现象。但鉴于我们之前对角色的定义包括任职规则和履职规则，所以并不妨碍他们是不同的角色：一个好的法官和一个好的立法者是不同的。）

法律制度的性质确定了臣民、立法者和法官的角色。相比之下，也许令人惊讶的是，律师这个角色不是。原因很简单：没有律师也可以有成熟的法律制度，所以律师的角色不能成为法律制度的基础。（然而，如果没有臣民、法官和立法者的角色，就不可能有一个成熟的法律制度。）律师的角色是法律制度中的辅助人员（secondary phenomenon），源于在理解和适用法律方面存在一定的困难。如果承认规则和裁决规则的目的是解决习惯法规则方案中存在的承认和裁决困难，那么律师在法律制度中所扮演的角色表明该法律制度未能解决这些困难。问题可能不在制度本身：可能是由于社会要求的规则太复杂，也可能是由于法律纠纷当事人之间的不平等，一个专门有助于承认和裁决职能履行的律师群体就成为必需。但重点是，在法律制度中律师的角色在功能上仍然是辅助性的。

可以把履行辅助功能的角色统称为"执行"角色，如警察、典狱长或行刑人。考虑到一个没有这些角色的成熟法律制度能够有效运行在现实中是难以想象的，人们可能会问，为何我们要把这些角色视为辅助角色呢？原因是，所有这些执行角色的存在都以不愿遵守法律为前提；他们关心的是使用武力使不愿遵守法律要求的人服从。但请注意，只受初级规则支配的社会生活存在的困难不一定与不愿意遵守有关：一个由最具社区意识的人组成的社会可能遭遇哈特提请我们注意的不确定性、不变性和无效率等困难。这一点非常重要，因为我们不是天使，我们的法律制度也必须包括执行角色。但是，即使我们都是天使，臣民、立法者和法官的角色也有存在的理由和目的。

臣民、立法者、法官：关于这几个角色我们可以提出许多问题，重要的是要使这些问题彼此区别。对于每个角色，我们可以提出一个概念性的问题：构成这个社会角色的任职和履职规则是什么？这是一个揭示角色是什么、更清楚地阐明其特性的问题。对于每个角色，我们可以提出一个实质性的道德问题：扮演这个角色的人应该如何行动？（这个问题可以分解成其他几个问题：人们为什么要按照这个角色的要求行事？这些理由有多强大？在什么情况下人们有足够的理由违反角色的要求？当人们履行这个角色的职责时，应该遵循哪些相关的道德准则？）

让我们在这里暂停一下，确保我们明白这些问题的含义以及它们之间的区别。当我们回答与某一角色相关的任职和履职规则的概念性问题时，我们并不因此提倡任何人按照该角色的要求行事，我们只是在描述这个角色。例如，如果你要问"构成'希特勒青年'组织成员的要求是什么？"我会回答："这个角色要求为希特勒欢呼，支持种族纯洁等。"给出这个答案，我并不是在提倡任何人为希特勒欢呼或支持种族纯洁。我甚至没有说那些扮演"希特勒青年"角色的人有可接受的理由为希特勒欢呼或支持种族纯洁。我想说的是，一个不能为希特勒欢呼或支持种族纯洁的"希特勒青年"是不合格的，他不是最合乎要求的"希特勒青年"。（但是，我再说一遍：一个人不应该成为最合乎要求的"希特勒青年"。如果一个人无法摆脱"希特勒青年"的身份，他应该是个不良青年。）概念的任务——明确谁扮演某个角色和角色要求是什么——在道德上是中性的，是一个填空的描述性任务：当且仅当一个人是_____（这些是任职规则）才能扮演 R 角色，当且仅当一个人做了_____（这些是履职规则）才是按最合乎 R 的要求在行动。

实质性问题则是另一回事。在回答实质性的道德问题时，我们不再能够道德中立。一旦我们回答了这个概念性的问题"'希特勒青年'的履职规则是什么？"后，我们可以问，一个人是否有足够的道德理由去根据那个角色行动，我们可以用"不"的回答来主张支持希特勒这样的怪物在道德上是站不住脚的，种族纯洁是没有价值的道德理想。对于其他角色，我们可能会提供更微妙的答案。考虑学生这个角色，它有各种各样的要求——上课、写论文等——我们可能认为有足够的理由让学生遵守这些要求。但我们也可能认为有例外：当一个朋友看起来情绪低落需要找人倾诉时，一个学生可能会为了和朋友在一起而无视上课的要求。这样一来，一个人可能是一个较差的学生，但却是一个较好的朋友。在这种情况下，这是否是一个好主意取决于对这些情况的仔细评估以及逃课的替代方案。

这样，我们已经确定了社会角色的两个问题：一个是关于构成这个角色的规则的概念性问题，另一个是关于扮演这个角色的人应该如何行动的实质性问题。这两个问题都可以向臣民、立法者和法官这三个基本法律角色提出。谁是臣民、立法者、法官？"好臣民"、"好立法者"或"好法官"是什么样的？有什么理由要遵守这些角色的要求？应该如何遵守这些要求？在什么情况下一个人可以合理地藐视这些要求？

## 2.2 臣民角色

成为臣民不一定是自愿的。事实上，生活在世界上任何地方都很难不成为某个法律制度的臣民。虽然受何种法律制度的约束可能会有选择的余地，但是否受某种法律制度的约束并不是一个可选的问题。因此，我们不应该认为臣民角色的任职规则包含一个自愿条件：作为臣民并不要求自愿接受角色。作为一个臣民也不涉及任何自我定义的限制：一个人可能拒绝用那些术语来定义自己，可能否认自己受某种法律制度的约束，但仍然是一个臣民。这并不奇怪。臣民是一个由社会规则建构的社会角色，一个规则之所以是社会规则，涉及社会成员如何将其视为评价标准和行动指南。说在臣民角色的任职规则中不包括自愿或自我定义仅仅意味着，一个人不管同意与否，不管是否希望用那些术语看待自己，都被期待遵守那个角色的要求。

成为某一法律制度的臣民是由该法律制度的规则所定义的。法律制度宣称管理某些人而不是其他人的行为，这些人通常是法律制度所属政治共同体的公民，或者是生活在该法律制度支配的领土上的人，或者两者兼而有之。现在我是美国法律制度的一个臣民，不管我喜欢与否。我可以采取一些措施让自己不再受那个法律制度的约束：我可以放弃我的公民身份并移民澳大利亚。但在我采取这些措施之前，我仍然是美国法律制度的一个臣民。所以臣民的任职规则是这样的：S 是法律制度 L 的臣民，当且仅当 L 的管辖范围被确定为包括 S。（注意，这个定义可能使一个人成为多于一个法律制度的臣民：我同时受联邦法律、弗吉尼亚州法律和赫恩登镇法律的约束；在爱尔兰旅行时，我同时受美国联邦法律——美国联邦法律主张管辖公民在国外的某些行为——和爱尔兰法律的约束。）

臣民角色的任职规则就说这么多。履职规则是什么？怎样才能成为一个合格的臣民？我认为，成为一个合格的臣民需要服从：合格的臣民服从法律，特别是服从官方解释的法律。正是这个关于官方解释的补充使得臣民角色不同于习俗追随者。在一个仅由习俗规则支配的社会——记住这是哈特用来帮助我们理解法律规则特征的背景——一个人几乎仅依靠自己的信念决定规则是什么、它们范围多大、它们意味着什么以及违反规则如何处理。因此，一个合格的习俗追随者是遵守习俗规则的人——但这个人是谁事实上是一个模糊和不确定的问题，因为习俗规则到底是什么也是一个模糊和不确定的问题。承认和裁决规则的引入大大减少了这种不确定性（尽管不彻底）：承认规则指导如何确定什么是法律规则，裁决规则指导臣民如何寻求更清晰地理解这些规则。必须尊重法律规范和负责解释与适用这些规范的法律官员。

为什么我们要这样描述臣民角色？至少有两个原因，其中一个是概念的，建立在我们先前对法的本质的观察之上；另一个是经验的，建立在对法律制度的观察之上。概念的观点是，这就是我们根据权威常识所要求的臣民角色定义方式。法律具有权威，赋予（或被用来赋予）行动以决定性理由；获得那些决定性理由的当事人就是受法律管辖的臣民。经验的观点是，这就是法律制度处理臣民角色要求的官方声明，法院往往相当轻蔑地对待臣民没有义务遵守法律规范的主张。

所以臣民角色是服从，服从法律规范以及对这些规范的官方解释。臣民的角色是简单的服从,这似乎不是一个很令人愉快的画面。但让我们记住上文提到的限定:说合格的臣民是顺从的臣民,并不是说从道德上讲我们应该始终是合格的臣民。我们被这种角色束缚的情况可能是被或多或少限制的:这是一个我们尚未讨论的问题。我们也应该记住,服从通常不是被动的事情,即使有时被认为是。遵循法律规则通常不是一个简单的机械过程:当规则没有固定的解释时,臣民需要能够解释这些规则,这需要对这些规范的要点具有某种敏感性,即优秀法官所表现出的敏感性。

现在让我们从臣民角色的初步问题转到更紧迫的实质性问题,即一个人必须遵守这个角色要求的程度。显然,即使是一个完全拒绝臣民角色的人,也可能有很好的理由去做很多合格的臣民会做的事情。法律的许多要求牵涉禁止那些正派人无论如何都不会干的事——谋杀、袭击、强奸、抢劫、勒索、盗窃、欺诈等。但我们需要面对的问题是作为一个臣民应该在多大程度上改变其行为方式。一个人有道德义务遵守法律要求吗?如果答案是肯定的,对此种服从的限定及其条件是什么呢?

对为什么人们有义务遵循臣民角色服从法律的一种非常流行的解释是一种同意解释:一般来说,人们同意成为臣民,就有道德义务遵守法律规范。这里首先要注意的最明显的一点是,我们中很少有人明确同意成为臣民。正如我们已经注意到的,臣民角色被强加在一个人身上,不管他同意与否。因此,除了移民、一些政治官员和一些军人,并没有那么多的人明确同意遵守这一角色的要求。在法律制度中,此种全体明确同意是相对罕见的现象。

在缺乏明确同意的情况下,同意解释的捍卫者通常回应说,虽然人们通常不明确同意扮演臣民角色，但他们以某种方式含蓄地同意或默许。[1] 默许是指以标准的书面或口头语言以外的方式表达同意。默许观点的捍卫者面临的任务是解释臣民通常通过什么行为来默许自己的角色，并解释为什么默许与标准的明示具有同样的约束力。

如果明确同意因太罕见而无法作为臣民尊重角色要求之道德条件的一般基础，那么默许的捍卫者需要确定一些极其常见的行为作为尊重这个角色要求的默许。不同作者提出了不同的建议，出于显而易见的原因，最多的建议是常住。如果常住算作同意遵循臣民角色的要求，那么就保证了普遍性——因为，毕竟扮演臣民角色的一种方式就是生活在该法律制度的管辖范围内。

但是，要把常住算作同意接受规制，还存在很大的困难。问题在于，在特定的严肃场合（suitably serious circumstances），常住是一种与说或写"我同意受法律约束"如此不同的行为，以至于很难理解为什么我们要采用前者来约束人们遵守法律。这里有三个关于明确同意的重要事实。第一，说出"我同意受法律约束"和不说出这句话本身都是低成本的选择。第二，通过说出"我同意＿＿＿"，一个人可以将自己约束在一套明确的条款中：一个人被约束做的是他填写在空白处的任何一套条款。第三，通过使用"我同意"的措辞来表示同意是被广泛理解和接受的：对于大多数人来说，如何表示同意以及同意产生什么规范性后果是很清楚的。

默许理论的困难在于常住在所有这些方面都不同。常住并不是一件相对无关紧要的事情，因此我们不能断定人们是基于打算承担一个臣民的义务而常住，还是因为他们不想离开他们的家庭、亲人、工作等。正如大卫·休谟（David Hume）在他的《论原

第 2 章 规范性基本原理：典型法律制度的基本角色 *61*

始契约》(*Of the Original Contract*) 中的解除同意理论所写：

> 我们能严肃地说，一个贫穷的农民或工匠，如果他不懂外语或礼仪，靠微薄的工资过着日复一日的生活，他就有自由选择离开他的国家吗？我们可以断言，一个待在船上的人会心甘情愿地同意船长的支配；虽然他是在睡着的时候被抬到船上来的，因为他一离开船就会掉进海里淹死。[2]

再有，根本不清楚一个人常住是同意了什么条件。当一个人说"我同意 x"的时候，有一个明确而简单的规则来决定约束自己的行为：即做 x（少数复杂情况除外）。但没有这样的公共规则来决定一个常住的人将同意采取什么行动。人们被自己的同意所约束这一原则的吸引力在于，某种程度上他们能够明白他们同意了什么，并且如果愿意，他们可以拒绝同意，因此，把常住作为默许是一个严重的困难。

还有，显然，居住在某个法律制度的管辖范围内，通常不会被理解为试图将自己置于某种义务之下。它通常根本不被理解为一种言语行为——一个人生活在某个地方是因为它方便、舒适或便宜，而不是为了执行一种言语行为。这让我们很难相信，我们应该认为居住构成尊重臣民义务的默许。

居住似乎不能被理解为对法律权威的默许。有人可能会提出其他表示默许的方式，比如投票。但这也是一个不合理的建议。除了它会暗示那些未能投票的人没有义务遵守臣民角色的要求，很难看出我们为何把投票解释为同意当地法律制度的管辖。当一个人投票时，他真正表达的只是对一个而不是另外一个候选人或政策的选择偏好；认为一个人走进投票点投下一票，就会服从整个法律制度的权威，这是没有根据的。此外，出于与居住相同的理由，投票无法作为同意的标志：一个人投票与否并不是一件无关紧要的事情；通过投票将自己置于何种权威之下是不清楚的；也没有明显的证据显示有传统把投票当作同意的标志。

同意现在已经断然无法作为解释为什么扮演臣民角色的人应该尊重该角色要求的根据。诉诸无视该角色的后果成了可供替代的方案：可以说正是违背臣民角色要求带来的不良后果使人们一定会遵守那些要求，无论同意与否。不过，这里有一个需要消除的歧义。在一个版本的论证中，正是法律制度下所有（或大部分）臣民未能遵守其角色要求的不良后果使得每个人有道德义务遵守。在另一个版本的论证中，正是每个人没有遵守他或她的角色要求的不良后果使得他或她有道德义务遵守。

首先考虑后者，个人主义的版本。我们没有理由认为，如果每个人都不遵守他或她作为臣民的角色要求，整体结果真的会恶化。毕竟，比如说，美国税收收入缺了我的一份税款，也没有任何实际差别。我可以拿着这笔钱，把它用在一定会比按法律要求缴税取得更好整体结果的地方。所以从每个人的决策角度来看，很难相信，在不同情况下，作为一个合格臣民比不服从更有利于整体利益。

假设我们采用前一种解释，即：因为如果没有人尊重自己的臣民角色将是灾难性的，我们每个人都必须遵守。但这里也有需要我们深切忧虑之处。首先，从"没有人尊重臣民角色的要求将是灾难性的"转变为"每个人都必须遵守臣民角色的要求"，我们必须非常谨慎。首先，我们需要一些解释，为什么每个人都在做某件事将是灾难性的这一事实，会使得每个人都被要求不去做这件事。（如果今天每个人都在钻研法哲学教科书，那将是灾难性的,然而我却正在这里做这件事。肯定不能因此说我在道德上不负责任吧?)其次,我们应该记住,没有人尊重臣民角色的要求将是灾难性的,这一结论可能是错误的——至少当我们将其解释为没有人完全尊重那些要求的时候。毕竟,可能真的没有人完全尊重臣民角色的要求。(你违过法吗?再想想你将来还会违法吗?)此外,有太多违法行为并不存在带来不良后果的倾向。一个典型的例子是,一个人在四面八方都能看到绝佳风景的沙漠中闯了红灯,这当然不会导致(哪怕是最小的)不良后果。既然存在无害的违法行为,那么对结果的起诉又怎么能表明臣民有服从的义务呢?

一种比默许同意的假设或直接诉诸违法的不良后果更有前途的论证方式是以公平为规范基础。哈特是这一观点的拥护者之一,约翰·罗尔斯(John Rawls)也曾一度主张这一观点。他们捍卫一种道德原则,称为"公平原则"或"公平竞争原则",根据他们的观点,这一原则表明某些臣民角色的扮演者——那些在一个合理公正的社会中扮演这一角色的人——有义务遵守法律。[3]

以一个例子开头,最容易弄懂这一原则的效力。假设有一个松散的自行车骑行团体,其成员轮流带领他们每周的骑行。轮到一个人领队时,他的职责包括侦察路线、整理和复制路线图好让该组织成员落单时知道行进方向,并骑在最前面以便大声提示沿途的风险。假设我加入了这个团体,知道他们是如何组织的,并开始享受他们每周的骑行。我得到的好处是有一条仔细侦察过的路线、一张好用的路线图以及在路上避免轮胎损坏。在参与了几个月后,轮到我领队了,我犹豫了。"不用了,谢谢,"我说,"太麻烦了。是的,我知道你们遵守的规则。但我从没同意遵守它们。我的参与并不给你们增加负担;无论是否有我一起,领队都得做他们的工作，路上总是能发现被丢弃的路线图，所以并不是说我使用的路线图本该是其他人的。那我为什么一定要当领队呢？"

我似乎已经化解了这样一种争论：我之所以受约束是因为我的同意或我造成的损害，而我既没有同意，也没有造成损害。不过看来确实应该轮到我了。为什么？因为这是不公平的，我从别人的努力中获益，而这些利益是由他们遵守定期分担骑行领队任务的规则所产生的。获取利益的同时拒绝负担，我们之间存在着一种不合理的不平等——通过搭便车，我利用了他们的努力，在没有任何充分理由的情况下比他们过得更好。

以下是罗尔斯对相关道德原则的阐述：

> 假设存在一种互利和公正的社会合作方案，只有在每个人或者几乎每个人都合作时才能获得它产生的收益。进一步假设合作需要每个人做出某种牺牲，或至少涉及对其自由的某种限制。最后假设在一定程度上合作带来的收益是免费的(free)：也就是说，在下述意义上合作方案是不稳定的，即如果任何一个人知道即使他不尽自己的职责，所有人（或几乎所有人）将继续履行他们的职责，他仍然能够分享合作收益。在这些条件下，接受该合作收益的人有义务公平行事，不因不合作而享受免费收益。[4]

这一原则适用于骑行团的实际情况：骑行团的方案对所有人都是有利的，而且是公正的，只有广泛的合作才能产生利益。（经常违反规则会使这些利益变得不可靠，并严重贬值。）但是，只有通过团队成员的合作，通过他们坚持一个共同的规则，才能获得利益。在这种情况下，公平起见，那些利用该方案获得好处的人必须承担他们的那部分责任——由规则决定的那部分责任。

这一公平原则如何适用于臣民遵守法律义务的情况？假设我们生活在一个没有太大缺陷的法律制度中——它的规则是为了公共利益，并以合理公正的方式分配利益和责任。这并不是说仅仅规则的存在本身就带来大量的利益，而是因为大多数人的服从，人们经常接受相当大的责任作为服从成本以获取法治下的生活利益。这些利益范围从安全和保障（由刑法规定）到损害救济手段（由侵权法规定）到实现个人意愿的方法（由合同法和房地产法规定）。而且，我们不应低估简单的可预见性所带来的好处——知道有一套规则，每个人大体上都要遵守。鉴于这些利益是通过广泛遵守法律的要求而产生的，似乎如果一个人接受法律制度的利益，却不遵守法律，他就是一个寄生的搭便车者。

在我看来，公平利益和公平责任的概念一定是解释为什么臣民应该遵守法律的核心，但罗尔斯所阐述的公平竞争原则似乎并没有达到他所需要的效果。问题是该原则认为，法律制度要想约束一个人，这个人需要接受法律制度带来的利益，但很难理解这个观念：无论是否选择获取（take），一个人收到（receive）利益就被认为是对利益的接受（acceptance）。[5] 骑行团的例子与法律制度中的臣民情形有着显著的差异。在骑行团的例子中，我想方设法从俱乐部获得利益；就法律制度而言，正如上面休谟的文章所指出的那样，我们只是发现自己处于一种法律制度之下，它的所有利益和责任都强加在我们身上。就像来自同意的论证一样，来自公平原则的论证需要诉诸自愿行为以便于原则的适用；但是，就像来自同意的论证一样，来自公平原则的论证所需的自愿行为在实际的法律制度中并不广泛存在。（由于这个原因，罗尔斯本人后来拒绝把公平原则作为政治权威的基础。[6]）

这里的结果是，公平不是臣民遵守法律义务的基础。但这样可能太草率了。也许我们需要做的不是抛弃把公平的理念作为遵守法律义务的基础的想法，而是修改这一原则，使之不需要自愿接受利益。与其建议我们把不服从法律等同于在自愿和可选择的合作事业中搭便车，或许我们应该把不服从法律等同于不承担自己的一份集体责任。

这就是我的意思。作为一种共识，我们对我们所处的群体的利益负有责任，即使不完全出于自愿选择。例如，我们认为自己一定要促进家庭的福祉。为了我们政治团体的公共利益，我们也有类似的义务，这似乎是合理的。但是，促进公共利益当然是一项不只属于一个人的苦差事，而是属于整个社会的所有成员；每个人都有自己的义务，不是自己去实现公共利益（那当然超出我们的能力范围），而是去为公共利益贡献自己的一份力量。

假设我们政治团体中的每个人都有道德义务为公共利益贡献自己的一份力量。问题是，有无数种方式来分配为公共利益而行动的集体任务。有些方式是公平的，有些方式是不公平的，我们不应该被强迫接受那些对我们提出过度的、极端不公平要求的责任分配方式。但即使在公平的方式中也有许多可能性，我们需要确定其中一种方式，以便以一种合理有效和公正的方式协调我们为公共利益而采取的行动。如果一个国家有像样的法律制度，那么它就会提供这种分配：法律如果运作良好，就会提供一种显著而公正的方式，来分配促进政治团体公共利益的工作。[7]

于是我们认为臣民应该遵守法律，因为臣民有义务为公共利益公平分担责任，而法律提供了一种合理的方式来确定什么才是一个人的公平份额。当然，可以找到其他理由质疑这种解释（例如，为什么是法律来决定每个人的公平份额？是什么赋予了它特权，让它作出这些关于如何分配促进公共利益的责任的决定？），但在这一点上，我将把服从法律的积极解释放在一边，而是追问这种服从的限度是什么。[8]

对于任何服从法律的解释，总是值得追问，在什么情况下，一个人在道德上可以自由地不服从法律，在什么情况下，一个人甚至有义务不服从法律。我刚才所描述的公平/公共利益背后的思想是，一个人受到约束，是因为通过遵守法律，他为公共利益做了自己的公平份额。当然，如果法律没有公平地分配促进公共利益的责任：例如，如果法律不公正地对某些政党提出很高的要求，而允许其他政党以很少的责任侥幸逃脱，那么这种理论基础就不会存在。在这种情况下，我们应该说，一个人没有义务服从，尽管可能有理由选择性地选择何时和如何不服从。（毕竟，法律制度往往会采取制裁措施，而制裁往往是遵守法律的一个很好的理由，即使是责任过于沉重的法律。）我们还应该记住，即使在公正合理的制度中，也可能存在通过的法律根本不适合被遵守的情况。例如，要求一个人去伤害一个脆弱的人的法律，可能仅仅因为一个人没有义务去实施那种行为而不具有道德约束力。（想想《逃亡奴隶法案》：我们可以认为，即使我们能从政治上理解它通过的原因，也没有人在道德上有义务使一个逃亡奴隶重新成为奴隶。）

这里重要的一点是，一个服从法律的解释不必是一个绝对服从的解释：即使合格的臣民是一个服从的臣民，为什么人们有道德义务遵守法律的最佳理论也需要既包括一个为什么服从是道德要求的积极解释，又包括一个服从限度的说明。没有一个主流政治理论家认为，无论何时何地人们都应该把成为顺从臣民的要求置于所有其他要求之上,从而在法律制度下的人无论如何都有道德义务遵守法律。[9] 有时法律规范是如此不公平,或如此不明智,以至于不服从是唯一合适的回应。

## 2.3 立法者角色

人们可能认为,立法者角色的任职规则至少在一定程度上是一个人的选择问题。因为,毕竟,即使我们生来就是臣民而不是自己选择的,我们也不是生来就肩负立法的任务,而是选择进入一个法律被起草、通过或废除的领地。但只消反思片刻就可意识到这是一个错误。首先,这是一个简单的经验事实:在世界上的某些时候和某些地方,人们并没有选择,而是生来就扮演立法者的角色。[10] 一个人也可能在某个时候被大众的赞扬或其他权威的要求,例如宗教权威,推上立法者的角色。其次,只要反思到这一事实,即这种观点完全没有涉及承认和变更规则,就明白它是一个错误——回想一下,这两个规则是构建法律如何制定、确立以及如何能改变的社会规则——这甚至表明,有权制定法律的各方必须自愿选择扮演那个角色。扮演立法者角色的资格——即拥有合法权力制定被承认规则视为有效的规则——通过社会实践确定,而社会实践可能授权那些从未想过,事实上可能极力希望不扮演这一角色的人成为立法者。

立法者的工作当然是制定法律。但用"法律制定得越多越好"这样的量化术语来描述立法者的角色要求是愚蠢的。(事实上,一些自由论者或无政府主义者会认为最好的立法者制定的法律更少。)相反,我们可以用我们关于法的常识来谈论好的立法:要制定好的法律,制定的法律必须是权威的,必须是为了公共利益。否则，该法律是有缺陷的。一个好的立法者是应该制定更多的法律还是更少的法律，以及确切地说应该通过或废除哪些法律，都要受到法具有权威性和为公共利益服务的规制。

在下一章中，我们将讨论法服务于公共利益和法律具有权威性的要求如何形成法的适当目的。但是，在讨论之前，我们可以提醒自己关于权威和法面向公共利益的一些要点，并注意它们如何进入立法者的角色要求。

制约立法者角色的一个要素是制定成法律的规范必须具有权威性。回想一下，这意味着制定的规范必须能够为臣民的行动提供真正决定性的理由。这就使立法者在制定法律时受到两种限制。

首先，立法者提议的规范必须表现出权威潜力——它们必须具有正式的特征，使行为主体能够将其视为行动指南。回想一下第1章中对富勒无法制定法律的八种方式的讨论。富勒认为，规则必须具备许多特征，才能作为臣民行为的指南，而未能体现这些特征的规则就不能获得法的地位。规则必须是普遍的、公开的、前瞻性的、可理解的、一致的、在臣民的服从能力范围内的、持久的和真诚的。在那一章的最后，我们考虑了一种可能性，即缺乏这些特征的规则在极端的情况下也可能仍然是法律，尽管有严重缺陷。但这足以支持这样一种观点，即制定显示这些积极特征的规则是立法者职责的一部分。

其次，立法者提议的规范不仅必须表现出正式的权威潜力，而且必须真正地作为臣民的决定性理由。这意味着制定的规则的实质必须足够合理，以便臣民能够理所当然地接受这些规则的约束。例如，如果我在上文的观点——臣民有道德义务遵守法律，因为它规定了为追求公共利益而必须承担的责任的公平分配——

是正确的，那么立法者将不得不确保他们提供的规范公平分配这些责任。他们还需要确保所有他们认为是法律的规范在其他价值观方面都能合理地得到遵守——法律不要求令人无法接受的残忍、放纵或懦弱。因为臣民可能恰当正确地认为法律缺乏权威的情形，不仅包括它不公平，而且包括它在某些其他方面是邪恶的。

因此，法无权威即有缺陷这一事实，对立法者角色的履职提出了重要要求。法不为公共利益服务即有缺陷这一事实也施加了重要限制。因为法不应该仅仅针对立法者本身（他，或她，或它，或他们）的利益；它应该是为了公共利益。因此，任何不是为所有人的利益服务，而只是为部分群体的利益服务的立法权力的行使都是与立法者的角色本身相冲突的。

立法者必须为公共利益行使他或她的权力这一观念提出了一个有趣的问题，即立法者应该如何执行这一任务。提出这一问题的一种方式，是问立法者角色是否本质上具有代表性——一个承担立法者角色的人必须按照代表受法律约束的臣民共同体（想必也包括他或她自己）的方式行为。

我的意思是，当有人说法应该是为了公共利益，一种理解这种主张的方式是，法应该以一种不偏不倚的（即"公共利益"中的"公共"）(that is the *common* part) 方式使臣民受益（即"公共利益"中的"利益"）(that is the *good* part)。在制定法律时，应该考虑到每个臣民的福祉，并以公平的方式决定促进臣民福祉的规则，这种方式不把任何臣民的福祉看得比另一个臣民的福祉一定更重要。如果这是一幅我们支持的为公共利益恰当立法的图景，然而，立法者的角色似乎没有任何特别的代表性——他或她没什么重要的理由要代替那些受法律约束的人、代表那些受法律管辖

第 2 章 规范性基本原理：典型法律制度的基本角色　　71

的人来立法。这样的立法者所采取的视角反而是一种客观的仁慈：他们的工作是通过问一个重要的问题——"对人民的福祉意味着什么？"——来审查潜在的立法行为。

另一种对立的立法图景是代表立法：它认为立法者的作用不仅是为人民制定法律，而且是在某种重要意义上确保法律由人民制定。因此，立法者的工作并不是从客观仁慈的角度来考虑立法问题。与此相反，立法者的工作是从人民的角度进行立法，接受人民的意见、态度、偏好等，从而使立法机构的立法活动反映人民自己对应该做什么的看法。我应该补充的是，作为代表的立法者图景并不完全与民主政体挂钩。可能存在一个君主，像富勒著作中的雷克斯，他是唯一的立法权威，但是他认为，立法者需要接受法律制度下各阶层人民的约定和意见，仔细考虑这些意见直到形成一个连贯的立法政策。但似乎确实，在一个允许众人中的一个作为代表，对各种各样精心提出的见解中的某一个表示拥护和投票支持的立法权行使体系中，这种代表性（立法）的思想似乎更容易实现，也更能充分实现。

在此，我们比较了客观仁慈立法和代表性立法。让我举个例子来说明对立法的审议会因不同的角度而有所不同。假设雷克斯正在考虑在某些社会中进行有关刑罚的立法可能性。（我们将在第4章详细讨论刑罚问题。）雷克斯可以做的是，参考社科专家关于不同种类刑罚对犯罪率的影响及其相应成本的研究成果，审查犯罪及其对政治共同体公民幸福的影响；并在此基础上作出判断，判断什么能最好地促进政治共同体的公共利益。根据这一观点，各臣民的目的、愿望、态度和信念只有在对特定立法建议的效力产生影响的情况下才与审议有关。例如，雷克斯合乎逻辑地认为极端严厉的刑罚通常会大幅降低犯罪率，但那个政治共同体中的臣民可能会害怕这样的政策，削弱对它的支持，最终使它在该政治共同体中无效，那么雷克斯将在决定是否实施严厉刑罚时考虑这一事实。

这种程序与更具代表性的方式不同，这里雷克斯采纳人民的观点：雷克斯不是简单全部接纳臣民的成熟意见，而是调查臣民认为刑罚的合适目的是什么，以及需要如何实现这些目的。注意这种方式与代表性程序下考虑人们的信念、目的、责任等在方式上的差异。在客观仁慈程序中，人们的信念和态度只是立法者在制定有效的仁政时需要考虑的另一组事实。在代表性程序中，人们的信念和态度是决定立法者应视什么为其立法活动的适当目的的前提。

这里有一个例子来说明客观仁慈立法和代表性立法之间的区别。想想父母为他们年幼的孩子制定规则和保姆为其照料的孩子制定规则的不同方式。父母通常从客观仁慈的角度为子女制定规则。父母希望孩子生活得好，并致力于为家庭制定有利于培养孩子的规则。当然，父母在制定规则时必须考虑孩子的信念和目的——如果不考虑受这些规则支配的孩子的特殊心理特征，即使最有希望的规则也可能被削弱。（不管遵守父母"吃完球芽甘蓝"的原则有多好，如果父母不考虑孩子是否能吃完球芽甘蓝，那么他们就没有把所有相关要素都考虑进去。）但在我所描述的意义上，父母并不认为自己代表着自己的孩子。相比之下，保姆通常不会从客观仁慈的角度为自己照顾的孩子制定规则。保姆是代表孩子的父母制定这些规则。如果我是一个无神论者，照顾虔诚的宗教信徒的孩子，我可能会认为，从客观仁慈的角度来看，让他们在睡前不做祷告是一件好事，或许可以读一些通俗易懂的无神论作家的作品，但我不认为我有资格为他们制定这条规则，即使这条规则只有在我照管他们的时候才有效。

这两种做法有原则上的区别，这一点是很清楚的。实际上，它们之间的差别可能会缩小一点。毕竟从客观仁慈的角度来看，臣民关于合理立法的建议被无视对他们的利益是非常不利的，臣民对某些立法问题的共识成为就此事接受公众意见是明智之举的极好证据。同样，从代表性的观点来看，一旦立法者考虑人们的信念、约定等，他们就必须处理很多冲突的态度和信念，筛选和精炼公众观点的任务需要深思熟虑，这与一个客观仁慈的立法者做的事情并没有太大的区别。

好的立法是否必须具有代表性是一个难以回答的问题。有人认为，代表性立法是公正的要求：如果不能将每个臣民关于适当立法目的的观点视为对立法审议的贡献，则是对公正的侮辱。[11] 有人认为，代表性立法具有重要的积极效果：当人们的决定实质上有助于最终的官方结果时，他们会更积极地发挥自己的思考和判断能力，并更彻底地了解公共事务。[12] 与此同时，我们可以认为，这些观点能够被纳入一种更具包容性的客观仁慈视角，即把对立法结果和权力发展的贡献视为与公共利益相关但非决定性的。甚至可以认为，客观仁慈或代表性方法哪个更合适本身就是由社会规则决定的：客观仁慈和代表性方法各有其适用的社会背景，所以对于如何考量公共利益，不同的法律制度中的立法者也有不同的角色要求。

我们还没有追问为什么那些扮演立法者角色的人会被迫按照角色要求行事，只制定具有权威且服务于公共利益的规则。我们可以诉诸同意：立法者通常宣誓忠实执行他们的角色要求，我们可以把这个誓言作为他们遵守角色要求的理由。我们可以诉诸罗尔斯的公平行为原则：立法者经常尽可能多地接受他们的地位所带来的好处，因此承担按立法者角色要求行为的责任是公平的。虽然这些都是很好的理由，而且那些失职的立法者可能会因违反他们的誓言或不公平地利用制度而责备自己（并被我们其他人责备），但我们在上文提到过，立法者角色本质上并不是自愿的。想象一个社会，比如立法者的角色是由抽签决定的，或者是轮流分配的。那么自愿就与之无关；成为一名立法者就像应征入伍一样。如果一个人以这种非自愿的方式来扮演这个角色，那么遵循角色要求的基础是什么呢？

我认为，这里的答案与上文给出的为什么人们会遵循臣民角色要求的答案几乎没有什么不同。正如哈特所言，立法者的角色被引入社会是有充分理由的：它使引入新的、有用的规范，废除旧的、无用的规范，修改不合格的规范成为可能。这一角色的有效发挥，与臣民角色的有效发挥一样，有利于促进公共利益。此外，必须有某种公平的方式来分配立法工作。因此，只要有一种公平的方式将人安排到立法者的角色，人们就必然要履行立法者的职责，作为自己对公共利益责任的公平分担。

## 2.4　法官角色

最后，我们来谈谈法官的角色。这个角色的任职规则不包括自愿条件现在已不足为奇：在某个法律制度中一些人依据该制度的规则被委任为法官，他们对于自己成为一名法官的选择在多大程度上是必要的视情况而定。作为一名法官，是由规则委任的有权适用该制度下所有或某些规则的人。你可能非常了解你们社会的法律，了解现在有争议的案件，以及需要适用法律的相关事实；并且你可能还能头头是道地解释这些案例应该如何理解。但你没有裁决案件的权力；在你所生活的法律制度中，你没有得到裁决规则的授权来作出裁决。

法官角色的履职规则是法官适用法律解决纠纷。也就是说，在担任法官的角色时，一个人应该以一种由有关法律规定的方式来解决争端。有时候案件很简单：有与案件有关的法律，案件的法律和事实都非常清楚，正确的法律后果是由明确的法律和事实直接演绎出来的。[13] 如果法律规定高速公路限速55英里每小时，并有多种标示告知，那么一个很清楚自己在做什么，也没有进一步的借口或正当理由的人在高速公路上开70英里每小时，其法律后果就是被判超速：没有法官裁量的余地，裁决也毫无困难。没有判定超速者违法是无视法官根据法律裁决案件的责任——无论法官认为限速规定是愚蠢的，还是认为它有点严厉。法官的工作不包括考虑法律存在的价值，而仅是适用它。

说起来容易做起来难。当法律像限速规定那样清晰明了，事实又相当简单时，案件就容易办了。但案件往往很难解决。（比摆在法官面前的纠纷更简单的案件往往还没来到法官这里就被处理了：如果很清楚已经发生了侵权行为并且需要赔偿，通常会在庭外和解；如果有明显的犯罪行为，就会达成认罪协议。）撇开关于究竟发生了什么缺乏事实明确性而产生的困难不谈，明显的困难涉及相关法律的发现、足以裁决案件的法律依据以及相关法律的解释。

解释的问题太过多样化和复杂，我们只能从出现的困难中选取一些例子。在此我将重点讨论法律解释中一组相对简单的问题。但重要的是要记住，成文法绝不是需要法官解释的法律的唯一渊源。除了成文法，法官还必须处理把宪法案件（matters）（无论所涉及的宪法是成文的还是不成文的）、先例（无论是一般规则还是以前司法裁决形成的特定决定）和惯例当作法律渊源的问题，它们可能在某些社会的承认规则中得到认可。有人可能会认为成文法应该是一类比较容易解释的法律渊源：它们可能是被特意制定来解决理解问题的，通常比宪法规定更容易通过或废除，所以如果立法者希望法律状况良好，就不要惰于修订。因此，成文法产生有趣的解释谜题这一事实应该能让我们明白法律解释的问题有多么棘手。

以下是 1885 年通过的一项法律：

> 法案必须由美国国会众议院和参议院通过，这一法案通过后，任何个人、公司、合伙企业或社团，以任何方式预付交通费，或以任何方式协助或鼓励任何外国人或外地人移民或输入美国领土或哥伦比亚特区——根据该等外国人或外地人输入或移民前的口头或书面的、明示或暗示的合同或协议，他们将在美国领土或哥伦比亚特区从事某种劳务——均是非法的。

这一法律通过时，公司正为大量无技能劳工支付交通费用，目的是以低于当前劳动力市场的价格获得廉价劳动力。

现在考虑一下纽约圣三一教堂的情况，该教堂打算聘请著名的 E. 沃波尔·沃伦（E. Walpole Warren）担任他们的牧师。1887 年，他们聘请了英国公民沃伦来美国担任牧师，并支付了他的旅费。美国政府对教堂提起法律诉讼，认为他们的行为违反上述法案。美国政府的看法正确吗？在适当解释该法案的前提下，E. 沃波尔·沃伦获得补贴前往纽约的旅行是否为非法的？[14]

所有法官都认同，专注法律文本，即有关立法机构使用并实际上投票通过成为法律的文字，是至关重要的。没有人主张简单地忽视法律文本。且所有法官都认同，文本的意思只有通过语境才能揭示。最烦人的是，这些法规的语境包括这样一个事实：英语是法律起草者和批准者使用的语言，其意思在一定程度上是由这一事实决定的。但问题部分在于什么才算是解释的相关语境。

关于如何理解相关语境以及如何解释文本，这里有两条有点理想化的思维路径。有人可能会说，"瞧，当某人对你说'不能做某事'意味着你在任何情况下都不能做这事，这通常是错误的。当我对我的孩子说'不要不加观察就过马路'，我并不是说她任何时候过马路都要先观察。如果她正在被疯狗追赶，那么服从我的规则并不要求她停下来观察。我的要求的意义在于其目的：在一般情况下，不停下来看一眼就过马路是不好的；我的意思是，在一般情况下，她应该停下来看看。现在，当通过这个法案的立法者说'不能从事任何劳务'，他们的意思是禁止体力劳动，这就是他们的想法，是审议和通过法案的语境，也就是他们通过这个法案的意义所在。所以这样解释该法案的意思，教堂为E. 沃波尔·沃伦预付交通费并不违法。"

然而，这里有一个与之竞争的"文本主义"观点。"我们应该区分立法者可能想说什么，或者如果他们说话更谨慎的话可能会说什么，与他们实际上说了什么。该法案实际上说的是，为外国人到美国从事任何劳务预付交通费都是非法的。E. 沃波尔·沃伦是外国人，他的交通费是由教堂支付的，他将作为牧师来为教堂服务。毕竟，法律的使用者不可能去探察每一项法律的立法背景；他们应该能够从他们自己的情况出发理解一项法律，并利用该法律来作出自己的决定。从这个角度来看，法律很明确：圣三一教堂应该能够明白他们要做的事情是非法的。"

这两种观点都是可以理解的。关于它们，我要说三件事。第一，它们各自把某种理解文本的语境放在首位。前一种观点以立法者的语境为主要依据。它把弄清楚立法机构通过制定法律文本想说什么作为理解法律的任务：即鉴于立法者的立法过程（the legislators' proceedings）的语境，他们在提交法律文本时想说什么。后一种观点以臣民的语境为主要依据。它把弄清楚受法律管辖的臣民如何看待法律对他们的要求作为理解法律的任务：即鉴于臣民面对法律文本的语境，他们如何合理地解释法律文本要求什么。

第二，这些语境虽然可以被界定为立法者和臣民的语境，但二者在一定程度上是相互渗透的。部分立法者语境，即立法者选择如何起草法律的背景，存在于臣民可能处理和理解文本各种表述的方式中。部分臣民语境，即臣民据以评估法律含义的背景，通常是立法者语境中和他们有共识的某些方面。

第三，虽然这些语境相互渗透，但它们仍然是截然不同的，因为立法者可能会误解臣民如何处理文本的各种表述，可能在选择表述时很草率，等等；当然，臣民往往不知道或错误理解决定立法者通过一项特定法律之目的的各种情况。

因此，在解释法律时，立法者和臣民视角之间可能存在的冲突产生了一定程度的张力。让这种张力清晰起来的一个方法是把它与我们关于法的常识联系起来——法必须是权威的，必须是为了公共利益。法是为了公共利益的常识提供了一个支持立法者视角的准则：立法者负责阐明和提升共同体的公共利益，因此他们的解释语境应该被给予尊重。立法者为追求公共利益的目的通过一项法律是要实现什么，与解释该法律终极相关。另一方面，法是权威的这一常识支持臣民的解释语境：法是引导臣民行为的，所以我们应该根据臣民将法作为行动指南来解释法律。考虑到这两个常识在我们理解法律时的中心地位，法官在解释成文法时感受到这两个视角之间的张力就不足为奇了。

在这些语境下，也会产生一些重要的问题。假设有人正在考虑这样一个问题：根据立法者语境应如何解释法律——立法者通过该法律的语言想表达什么。法官在查明立法者想要表达的意思时应该关注什么，这一点仍然存在疑问。举个例子，有一条法律禁止雇主"因个人的种族、肤色、宗教、性别或国籍而在工作报酬、雇佣期限、劳动条件或工作福利方面歧视任何人"[15]。我们暂且假设立法者对歧视的观念和哪些行为属于歧视有所了解。问题是：当法律禁止"基于种族的歧视"时，它所禁止的是立法者观念中的歧视还是立法者视为歧视的行为？[16]

这些问题在实践中是很重要的，因为案件将根据对它们的回答而有不同的裁决。例如，假设立法者的"歧视"观念是"在没有充分理由的情况下，在给予福利或施加责任方面区别对待个人或团体"，并且立法者认为政府购买服务的平权法案\*并不算是歧视行为，因为有充分理由把种族作为购买服务的考虑要素。法官是只受立法者关于歧视的观念所约束，还是也受立法者关于什么才算是歧视行为的信念所约束？假设法官正在审理一桩案件，原告声称她被歧视，因为政府在购买服务时采取基于种族的平权政策，她提供了证据，法官发现有说服力，该项目没有充分理由以种族为基础：法官应该基于这种情况符合立法者的"歧视"观念而裁决这一政策违反第七章\*\*，还是基于立法者不认为这样的平

---

\* 美国的平权法案（Affirmative Action），又称优惠性差别待遇、积极平权、肯定性行动，是指防止对"肤色、宗教、性别或民族出身"等少数群体或弱势群体歧视的一种手段，对这些群体给予优待来消除歧视，从而达到平等。——译者注

\*\* 参见注释15。——译者注

权政策属于歧视而裁决这一政策不违反第七章呢？如果法官不完全受立法者关于歧视行为信念的约束——毕竟，立法者可能会对他们的观念适用于哪些案例犯错误——那么法官在作出这些裁决时应该适用什么标准呢？法官是否应该追问社会将什么视为基于种族进行划分的充分理由？（如果社会有偏见，答案可能会荒谬地削弱法律的目的。）法官是否应该就这种划分的充分理由作出自己的道德判断，当然地做到客观呢？（这是我们在上文讨论立法者角色时所论及的客观仁慈与代表性视角相冲突的一个实例。）

法律解释的问题就讲这么多。当法律"穷尽"时，一系列明显的问题就会出现——法官被要求裁决一个案件，而在这个案件中，法律对该问题的规定很模糊。从立法者或议长的立场，可能没法决定一系列事实是否适用给定的法律。比如哈特讨论过的那个著名的例子：假设有一条法律规定"公园内禁止车辆通行"。[17] 从立法者的语境或臣民对法的目的的常识判断，法官可以认为法律并不阻拦将一辆不能操作的坦克列入公园内的战争纪念物，或救护车进入公园带走事故受害者；法官能够认定汽车、摩托车和公共汽车肯定不能进入公园。但法律是否禁止自行车（进入公园）可能只是一个模糊的问题。这里可能会有一种诱惑，即试图假定一种解释性规则来涵盖这些案件并恢复清晰度：例如，如果一个案件是否适用某个法律是模糊的，那么它就会被视为不适用该法律。但这是行不通的：一个案件是否适用某个法律是不是模糊的，本身可能就是一个含糊不清的问题。有时一个案件（是否适用某个法律）很明显是模糊的；有时这本身就是不清楚的事情。（因此，对于某些案件是否适用某个法律是不是不清晰的，人们有理由存在分歧。）

法官在这些案件中应该怎么做？法律含糊不清，但裁决不能含糊不清：要么允许自行车进入公园，要么不允许；相应决定骑自行车进入公园的人是否违法。法官的职责是在他或她的管辖范围内裁决案件，因此，允许手头案件的解决是模糊和不确定的，意味着未能履行法官的职责。我们在这里可以说的是，在这些案件中，法官行使自由裁量权：法官没有迫于权威的法律渊源作出此种而不是他种裁决。

几乎所有人都同意，法官有时在作出裁决时具有自由裁量权，法官进行有限的自由裁量决策，这并不完全令人反感。人们在典型法律制度中存在的自由裁量权的限度上还有更多的分歧。例如，哈特认为自由裁量权是一种普遍现象：通常法律规则有一个"核心"和一个"半影"，核心存在于一系列规则应用确定无疑的情形中，半影是一个灰色地带，在这一地带规则是否适用还是一个不确定的问题。[18] 我们可以把哈特的观点看作一种温和的立场：法律上确定的案件是坚实的核心，而法律上不确定的案件是半影，它们都存在。一个人可能在多个方向上不如哈特温和：在一个方向，一个人声称法律不确定性的现象比哈特所暗示的更有限；在另一个方向，一个人声称法律不确定性的现象比哈特设想的要广泛得多。

罗纳德·德沃金是哈特早期最执着的批评者之一，他认为法律不确定性是小范围的。德沃金主张，司法自由裁量权实际上是一个非常受限的现象——在某些文本中他似乎否认有任何案件中法官确实是自由行使自由裁量权解决纠纷——因为法律包含各种各样的一般原则，当法律的明确意思已经穷尽，它们有助于确定正确的法律答案。那种认为法官只是在难以识别案件适用的法律时行使自由裁量权的观念与法官作出裁决的方式完全不相符；他们作出裁决不是简单地在法律未确定的空间内自由选择，而是综合手边所有的法律材料作出裁决。这种常见的司法裁决模式的合理性在于，审判涉及对法律整体的全面解释：当法官裁决一个案件时，他或她应该依靠那些最能证明整个法律材料合理性的原则。

根据德沃金的观点，审判最合理的方式是这样的：当法官作出裁决时，他或她的目的应该是作出最与整个法律材料相吻合的裁决。当案件很简单的时候，就像上文描述的超速案件一样，很明显，如果认为一个人在没有正当理由或借口的情况下在限速55英里的区域以70英里的速度行驶没有超速，就无法与整个法律材料相吻合。但当遇到疑难案件时，就难以识别何种裁决最符合材料整体。为了确定何种裁决最符合这些材料，必须对那些原则进行说明，它们是构成法律的各种规则和判例的基础。在思考《人权法案》中什么构成了"歧视"的问题时，法官必须要问，对个人权利的何种理解才能最好地解释禁止或允许对不同种族、宗教、性别等成员进行区别对待的各种规则。在一个案件中，正确的裁决源于对作为法律整体基础之原则的最合理解释。[19]德沃金并不幻想法官能够通过某种一目了然的程序来证明，因为他们的裁决确实基于对作为手边法律材料之基础的原则所作的最充分解释，而是合理的，但他确实认为这是关于法官实际上如何裁决案件以及在疑难案件中裁决如何被认为正确或错误的最合理解释。

另一个极端是一群被称为"美国法律现实主义者"的法哲学家的观点，他们认为，所有或几乎所有的司法裁决都是自由裁量的，法官作为一个预先存在的法律规则所要求的发现者角色，在大多数情况下是一个伪装或错觉。由于法律现实主义者对审判实践的指责十分严重，我将法律现实主义视为对我们关于法的常识的一种挑战，并将在结束语章节（6.4）中详细考虑法律现实主义者的观点。

　　这里提出的议题仅仅对法官作出裁决时产生的问题作了肤浅的探讨，特别是在复杂的法律制度中，这种制度的承认规则承认各种法律渊源。我们没有考虑的是，为什么一个人应该遵守构成法官角色的职责。法官不享有立法者的相对自由：有法律的地方，法官就有义务依照法律行事。为什么那些扮演法官角色的人在作出裁决时应该遵从这些标准呢？

　　我们通常为臣民和立法者提供的答案是，审判是为公共利益作出一份公平的贡献，至少在审判的责任得到公平分配的情况下是这样。不足为奇，下面这些问题的答案是同样的："为什么要按照臣民的角色行事？""为什么要按照立法者的角色行事？""为什么要按照法官的角色行事？"因为如果引入这些角色的目的是为公共利益服务，那么每个角色都有理由在服务于公共利益方面发挥作用，于是，只要一个人有义务为公共利益尽自己的一份力量，他就有义务履行责任。如果公共利益需要存在权威的法律规则，那么（正如我们所看到的，富勒主张的——见1.6.1），所阐述的标准和如何将这些标准应用于臣民之间应该是吻合的；只有当法官按照他们的角色行事时，才会有这样的吻合。

　　我们可以理解法官忠实地适用法律的理由。但我们应该注意到，当适用的法律实质上极不公正时，司法忠实于法律的理想可能会产生巨大的张力。例如，《逃亡奴隶法案》要求从自由州遣返逃亡奴隶，并要求地方执法官员甚至普通臣民的合作。当认识到臣民的责任是遵从法律对利益和责任的分配时，不难看出一个人可以合理地拒绝这一法律的权威而不遵守。因此，我们很想对那些被要求执行这一法律的法官说同样的话：他们可以利用他们的职务来推翻《逃亡奴隶法案》。但是,只有充分认识到阻止它的理由,我们才能认为这一解决办法是合理的。如果不想适用《逃亡奴隶法案》,法官应该采取哪些替代方案呢?法官要使自己的行为产生法律效力,就必须表明自己的行为是合法的;因此,某种形式的阳奉阴违(duplicity)是必需的——这种阳奉阴违将尽可能地公开,而且很可能会让人们纳闷,尤其是当法官藐视明确而稳定的法律时,法官在多大程度上履行了自己的职责。也许法官应该简单地拒绝在这些案件中作出裁决,公开声明他或她不能昧着良心适用法律,因此无法作出裁决。这种拒绝合作的态度可能完全不会改变后果,因为总有一些人愿意帮忙完成这一任务。但是,因邪恶甚于拒绝的后果,人们有理由拒绝与邪恶合作。[20]

## 延伸阅读

A. John Simmons, *Moral Principles and Political Obligations*, Princeton, NJ: Princeton University Press, 1979. 受本书(也包括其他重要作品)启发,最近有很多关于臣民遵守法律义务的有趣作品:

William A. Edmundson (ed.), *The Duty to Obey the Law*, Lanham, MD: Rowman and Littlefield, 1999. 本书中出现了许多关于这一话题的文章。

William A. Edmundson, "State of the Art: The Duty to Obey the Law", *Legal Theory*, 10 (2004), pp. 215-259. 本文中也包含了一个有价值的参考书目。

Jeremy Waldron, *The Dignity of Legislation*, New York: Cambridge University Press, 1999. 作者在(可悲地被忽视的)立法理

论方面做了一些重要的工作。

对于文本主义的坚定维护，以及批评者的回应，参见 Antonin Scalia, *A Matter of Interpretation*, Princeton, NJ: Princeton University Press, 1997.

关于德沃金的解释理论，参见 Ronald Dworkin, "Hard Cases", in *Taking Rights Seriously*, Cambridge, MA: Harvard University Press, 1977, pp. 81-130; Ronald Dworkin, *Law's Empire*, Cambridge, MA: Harvard University Press, 1986; Ronald Dworkin, *Freedom's Law*, Cambridge, MA: Harvard University Press, 1996.

## 注　释

1. See Thomas Hobbes, *Leviathan*, ed. Edwin Curley, Indianapolis, IN: Hackett, 1992, ch. 18, p. 90; see also John Locke, *Second Treatise on Government*, ed. Peter Laslett, Cambridge, UK: Cambridge University Press, 1988, §119, and Jean-Jacques Rousseau, *Social Contract*, trans. Maurice Cranston, New York: Penguin, 1968, IV, 2.

2. David Hume, "Of the Original Contract", in Henry Aiken (ed.), *Hume's Moral and Political Philosophy*, New York: Hafner, 1948, pp. 356-372.

3. See H. L. A. Hart, "Are There Any Natural Rights?", *Philosophical Review*, 64 (1955), pp. 175-191; John Rawls, "Legal Obligation and the Duty of Fair Play", in Sidney Hook (ed.), *Law and Philosophy*, New York: New York University Press, 1964, pp. 3-18.

4. Rawls, "Legal Obligation", pp. 9-10.

5. A. John Simmons, *Moral Principles and Political Obligations*, Princeton, NJ: Princeton University Press, 1979, pp. 129-140. 这种批评在该书中尤为突出。

6. John Rawls, *A Theory of Justice*, 2nd edn., Cambridge, MA: Harvard University Press, 1999, p. 296.

7. 这种观点的一个阐述,参见 John Finnis, "The Authority of Law in the Predicament of Contemporary Social Theory", *Notre Dame Journal of Law, Ethics, and Public Policy*, 1 (1984), pp. 114-137.

8. 我们将在 6.2 中简要地回到这些问题。

9. 托马斯·霍布斯 (Thomas Hobbes) 有时被认为是绝对服从法律的捍卫者。这只是一种误解:《利维坦》第 21 章的大部分内容都是关于臣民何时能够合理违抗君主的问题。

10. 一个人可以生来就是国王或王后;但直到最近,一个人才可能生来就是英国议会上院议员,它是一个立法机构。

11. See Thomas Christiano, *The Rule of the Many: Fundamental Issues in Democratic Theory*, Boulder, CO: Westview, 1996, pp. 59-93; see also Henry S. Richardson, *Democratic Autonomy: Public Reasoning about the Ends of Policy*, New York: Oxford University Press, 2002, p. 28.

12. See John Stuart Mill, *Considerations on Representative Government*, Amherst, NY: Prometheus Books, 1991, Chapter III.

13. Neil MacCormick, *Legal Reasoning and Legal Theory*, Oxford: Clarendon Press, 1978, p. 32. 我从该书中获得了一个很好的对简单案例的描述。

14. *Church of the Holy Trinity v. United States*, 143 U.S. 457 (1892).

15. Title VII, Civil Rights Act of 1964.

16. 例见 Ronald Dworkin, "Constitutional Cases", in *Taking Rights Seriously*, Cambridge, MA: Harvard University Press, 1977, pp. 131-149.

17. H. L. A. Hart, *The Concept of Law*, 2nd edn., Oxford, UK: Clarendon Press, 1994 (1961 年首次出版), pp. 126-127.

18. Ibid., p. 123.

19. Ronald Dworkin, *Law's Empire*, Cambridge, MA: Harvard University Press, 1986, p. 255.

20. 《逃亡奴隶法案》时代对审判问题有影响的处理,见 Robert M. Cover, *Justice Accused*, New Haven, CT: Yale University Press, 1984.

# 第 3 章
# 法的目的

## 3.1 法的目的与公共利益

法的恰当目的是什么？我们应该通过法来完成、实现什么？

与其立即开始讨论这些问题的各种答案，不如停下来稍作思考，我们对法的常识——特别是法是权威的和法为了公共利益的常识——将如何塑造我们关于法的目的想提的问题的答案。正如我将使用的术语，法的恰当目的的观念和公共利益的观念是不同的。在对政治共同体的公共利益进行描述时，需要描述我们认为政治共同体应该展示的积极的、可取的特征。但是，法的恰当目的尽管以公共利益为导向，也可能受限于法的使用关涉权力行使这一事实。也许我们不应该为了促进公共利益尽可能地使用法律，因为即使为了公认的有价值的目的，如何使用权力也可能是有限度的。或者，我们想利用法律来实现有价值的目的的某些方式可能是事与愿违的，于是，如果我们试图通过法律来实现这些目的，我们将无法充分实现这些目的。

这里作一个类比。假设你是一位雇主，在雇员的生活中享有一定的权威。你可能会认为，多读书是为了员工好。你可能有兴趣利用你的权威让他们读更多的书，因为你可能相信（甚至这种相信是正确的）多读书会让你的员工成为见多识广的人。但很明显，在许多这样的情况下，如果你选择使用权威让员工多读书，你就不会被视为一个慎重使用权威的人，而会被视为一个管得太宽的暴君。此外，如果你试图利用自己的权威来实现目的，你的目的总是有可能实现得不那么好：在某些情况下，员工可能因为非常讨厌你的高压方式而不愿意多读书；或者你可能与员工的品位脱节，你推荐的书会让他们感到厌烦，以至于他们会拒绝把阅读作为消遣。使用你作为雇主的权威去要求你的雇员花更多的时间阅读似乎是不合适的，是令人反感的，在某些情况下可能只是轻率的做法。它之所以令人反感，部分原因是它剥夺了雇员生活中一项重要的利益，即他们在选择休闲活动时的自行决定权；它之所以令人反感，部分原因是这种权力关系带来了一种现实的恐惧，即某种制裁将与不遵守相关联。如果为了让他们阅读得更多而使用你作为雇主的权威，反而导致他们阅读得更少，那么这显然也是非常轻率的。

使用法律来实现政治共同体的公共利益就是这种情况。即使公共利益是一件美好的事情，但可能存在一些法律不应该要求人们采取的行动方式，或者法律不应该将公共利益的某些方面作为其任务来促进。法的权威性剥夺了人们的自行决定权，将他们置于一个约束他们的标准之下；鉴于自行选择在人类生活中的重要性，这本身就是一种应该尽可能避免的负担。法的权威标准往往有制裁作为后盾，如果人们不遵守，他们就会面临责任；鉴于不受胁迫在人类生活中的重要性，这本身就是一种应该尽可能避免的负担。法并不是万能的工具，因此，公共利益的某些方面虽然值得提倡，但却无法通过权威的法律规则来有效实现。

所以我所说的"法的恰当目的"是指"法应该通过权威规则

来支持的那些公共利益"。在回答什么才算作法的恰当目的这个问题时，我们当然会考虑一些关于公共利益本质的观点和一些关于权力行使的道德和实践限制的观点，并考虑如何将这些观点融合在一起，以确定法的恰当目的。

## 3.2 损害他人原则

在《论自由》(*On Liberty*) 一书中，约翰·斯图亚特·密尔提出了一个恰当使用法律权威的设想，并产生了巨大影响。[1]密尔这一没有命名的原则，有时被叫作"损害原则"，或者更确切地说，叫作"损害他人原则"。

> 这篇文章的目的是主张一个非常简单的原则，适用于所有以强制或控制的方法管理个人社会事务的活动，不论所使用手段是法律刑罚方式下的物质力量还是公共舆论下的道德压力。这一原则就是，无论个人还是集体，干涉任何人行动自由的唯一目的是自我保护。对文明社会的任何成员，在违背其意愿的情况下，正当行使权力的唯一目的是防止对他人的损害。[2]

密尔认为，他的原则不仅适用于对法律约束的限制，也适用于对遵守法律的社会压力的限制。但是，我们的议题将把这一原则的含义、应用、理由和合理性限定于对法律的限制。

当然，密尔原则的合理性取决于如何理解"损害他人"的概念。密尔认为有三种不同的行为可以算作损害他人。第一种损害他人的行为是直接损害他人福祉的行为，这种行为会在某种程度上阻碍他人的利益。（我们将在下文中考虑哪些利益才被计入损害他人原则的目的。）第二种可以算作损害的，是没有履行某些对特定人的义务。所以，尽管我没有为某人提供食物通常不被认为是我损害了他或她，但我没有为我的孩子提供食物却被认为是我损害了他们，因为我有积极义务满足他们的需要。第三种可以算作损害的，是未能履行社会中体面的共同生活所必需的义务。为社会应尽的一份义务不为了特定人（除非确实说履行义务是为了每个人，即社会中的所有人），包括要求一个人"在法庭作证，承担共同防务的公平份额……以及个人行善的行为，例如拯救同伴的生命或介入保护手无寸铁的人不受虐待"[3]。因此密尔原则并不是说一个人只要不主动损害他人，他就没有问题。相反，重点应放在"他人"部分：仅出于迫使主体尊重与他人相关的事物，才能对行为施加法律限制，不管以避免损害他人利益的方式还是以履行主体对他人的明确义务的方式。相比之下，某些行为会损害主体自身，或者这种行为是不受欢迎的、粗俗的或不道德的，不能作为限制的理由。除非能证明该行为肯定对他人造成损害，否则法律限制是没有合法依据的。

密尔将这一原则应用于对言论和行为的法律限制。他驳斥了对言论的限制——他想到的例子是禁止否定对上帝的信仰或对生命会在死后以某种形式存在的信仰的法律——在某种程度上是维护社会利益所必需的说法。对任何给定的观点而言，要么是正确的，要么是错误的，要么是正确与错误的混合。假设这个观点是正确的：如果是这样，那么禁止讨论或肯定它的法律限制会让人们更难纠正对这个问题的看法，这肯定对社会有害。或者假设这个观点是错误的：在这种情况下，对其讨论或肯定的限制导致这种观点的错误很难被公众知晓，且使人们对相反的真实观点的信仰得不到检验而变得陈腐。或者假设这种观点是正确与错误的混合：禁止对这种观点的肯定或讨论的法律限制使人们更难分辨真伪，更难区分重要的真理和不重要甚至有害的谬误。[4]

当然，密尔允许对行为进行限制：损害他人的行为被阻止。一个人可以以不同的方式塑造自己个人的生活领域而不损害他人，每个人都有权处理自己的事务。密尔煞费苦心地指出，这并不意味着我们对他人以及他们的利己主义选择的态度应该是漠不关心的。损害他人原则只是声明我们不应该限制和惩罚利己主义（self-regarding）行为，并不是说我们不应该关心他人和他们对待自己的方式。[5] 当然，密尔充分意识到，将利己行为和利他行为区分开来是很困难的：任何利己的选择都可能在某种程度上影响一个人履行对他人义务的程度。但密尔认为用这种滑坡论证作为拒绝接受法律控制之外的选择范围存在的依据是很糟糕的。当一个人的行为使他或她违背对他人"清晰和确定"的义务——想想一个人赌博输光了他或她的薪水，而没有钱喂养家里饥饿的孩子，或者一个人在酒吧喝醉，但打算就这样开车回家——我们可以正确地归咎于作恶者，从而用法律限制那些人的行为。[6] 但是，关于利己行为和利他行为之间的联系必须是直接和明确的，而且必须清楚，限制行为的依据是行为对他人的影响，而不是对主体自身的影响。

那么，损害他人原则的理论依据是什么呢？为什么我们应该认为这是对法的目的的正确解释呢？把损害他人原则归因于密尔关于政治共同体的公共利益观念和他关于权力干预实现这种公共利益的内在限制的观点，是很有启发意义的。关于公共利益的本质：密尔和奥斯丁（见1.2）一样，是一个功利主义者，他认为，任何行动——无论是个人还是国家的行动——的唯一正当目的，都是促进整体幸福。密尔坚持认为，损害他人原则是"不独立于功利"的，因为功利是"所有伦理问题的终极诉求"。[7]但这对密尔提出了一个棘手的问题：如果整体幸福是个人和国家寻求的最终利益，那么为什么立法对行为的限制不是"法律限制个人行为，除非它促进整体利益"，而是看起来更狭窄的（restrictive）"法律限制损害他人的行为"？自我损害的行为会削弱整体利益，那么为什么法律不应该禁止这种行为呢？

密尔对此有很多论证。其中一个论证涉及立法者的知识局限性。[8]如果主体自愿且知情地选择实施某种行为，那么根据他或她的目标、目的和偏好，推测他或她认为伴随这种行为而来的自我损害是值得的。立法当局在通过防止主体实施对自身有害行为的法律时，几乎不可能对主体的处境进行细致评估。换句话说，如果目的是整体利益，那么让主体自己判断什么会促进自己的幸福，而不是让立法机构为他人判断什么会促进他人的幸福，会更好地服务于这个目的。

有人可能会认为，这种观点可能仅基于对什么会带来幸福之认识的普遍怀疑，而这种怀疑实际上削弱了损害他人原则的理论依据。毕竟，如果要制定禁止人们损害他人利益的法律，立法当局必须对什么是人们的利益有自己的看法；但如果他们对人们的利益了解如此之少以至于他们没有能力制定禁止公民损害自己的法律，那为什么我们没有理由怀疑立法当局也没有能力制定禁止公民损害他人的法律呢？但这种困惑只是表层的。密尔之所以反对法律禁止 A 做出损害自己的事情，是因为相对于立法者而言，A 更多地受到自身幸福愿景的激励，且更清楚什么会给自己带来幸福。密尔之所以支持法律禁止 A 做出损害 B 的事情，是因为相对于 A 而言，立法者至少会考虑 B 的幸福愿景，且对什么会给 B

第 3 章 法的目的　　93

带来幸福有所认知。对于什么能给自己带来幸福，每个人有优先发言权，基于更多的信息和关切而有权为自己作决定，但对于什么能给别人带来幸福，没有人有优先发言权。

密尔还有第二条论证路径。第一种论证诉诸公民自己比立法者更有可能知道什么行为是为了他或她的幸福这样一个事实。第二种论证诉诸允许立法者仅仅基于保护公民免受自身损害而禁止行为导致的更间接影响。这种理念在于，我们关于好的和坏的生活方式的共同看法不断发生变化，在一定程度上是由于各种"生活实验"：弄清楚特定的生活方式是否应该被推荐或抛弃、被采纳或拒绝的唯一途径，就是去尝试，并评估发生了什么。[9] 如果制定法律禁止人们在生活中进行这些实验，即使这些实验既不会威胁到任何人的利益，也不会违反任何明确的义务，就剥夺了实验者和更广泛的群体更多地了解是什么让人类幸福的可能性。

还有第三条论证路径。这条论证路径认为，选择的事实本身有一个重要的价值，这个价值独立于一个人所作选择的智慧或正确性。这种为自己选择的状况称为自主。密尔认为，反对不符合损害他人原则的法律的部分原因是它没有尊重自主的价值。而让我们生活顺利的部分原因正是拥有和行使自主权；所以一个人有理由不去干涉别人如何选择生活方式。[10]

不可能不考虑密尔原则的吸引力。它的吸引力部分在于它将公共利益视为政治共同体成员幸福的观念。密尔的观点是福利主义的：他认为最重要的是那些生活受到法律和社会政策影响的人的福祉。它的吸引力部分在于它所描绘的是人类幸福的广阔图景：它不仅包括快乐和没有痛苦，还包括自主选择的行使，以及知识和创造力的发展。它的吸引力部分在于乐观地、非教条地看待我们对幸福的认知：密尔并不认为我们对什么使生活顺利的认知已经达到了某种高度,尽管通过争论和实验可以发现更好或更坏的答案。它的吸引力部分在于它对立法者的动机和知识的合理怀疑;密尔认为,无论是在特定的还是更普遍的情况下,立法者都可能是封闭的和无知的,这对那些生活在他们创造的规范下的人的利益是有害的。密尔的这一观点看起来是正确的。密尔将一个对公共利益的雄心勃勃的愿景和一个关于法律权威可以和应该做什么来实现这一愿景的更谨慎的描述结合在一起。

## 3.3 对损害他人原则的挑战

### 3.3.1 损害类型

为了挑战损害他人原则,人们必须准确地知道它的范围。我们从前述可以看出,密尔的"损害他人"行为的概念包括了与他人利益相悖的行为,违反对某些特定人的义务的行为,以及未能承担社会责任的行为。我们可能会对第一个类别感到疑惑:对另一个人产生什么样的影响才算对他或她的损害?什么才是一个人的利益,以至于当这些利益被另一个人的行为所阻碍时,他就受到了损害?

有一个不可能正确的简单答案。即,当一个主体做了另一个主体不希望他做的事情,或者当一个主体造成了另一个主体不希望发生的后果时,这个主体就损害了另一个主体。仅仅是一个人的行为与某人的喜好不一致这一事实不能算作损害,因为如果是这样,那么损害他人原则就几乎失去了它的全部效力。损害他人原则是对只要立法者不希望某些主体以某种方式行事时就使用立法权力的重要限制。如果仅仅与某人喜好相冲突的行为就被认为是损害，那么每当某人想要通过法律来限制行为时，损害他人的条件就会得到满足，因此损害他人原则就失去了限制立法活动的力量。（密尔想必不希望因为有些人宁愿这种行为不发生——如果这种行为发生了，那些人就会受到损害——从而允许禁止诸如私底下双方同意的同性恋这样的行为。）

有两种处理损害问题的方法。一种方法是坚持损害产生于实施了与某人的某些特定愿望相悖的行动。例如，有人可能会说，只有利己的愿望才算数：虽然你可能会通过挫败我对自己生活的愿望来损害我，但你无法通过挫败我对你生活的愿望来损害我。当然，我们需要一些方法来确定什么才算是一个人对自己生活的愿望。不想出现在以某种方式行事的其他人面前的愿望算是对自己生活的愿望吗？不想和有特定生活方式的人生活在一起的愿望算是对自己生活的愿望吗？如果是这样的话，那么损害他人原则将再次失去大部分效力。

另一种解释损害的方法是诉诸人们的某些自然利益，并根据什么会立即阻碍，或有很强的倾向阻碍这些自然利益，来定义损害。所以有人可能会说，活着、不受伤害是人的一种自然利益；避免身体上的痛苦和苦难是人的一种自然利益；思想和行动的自由是人的一种自然利益；如此等等。或许有人还会说，某些利益不属于自然利益，但至少在某些类型的社会是与实现自然利益紧密相连的：例如，在市场经济社会，财产的安全占有是保护自然利益所需要的，所以剥夺一个人的财产被视为损害。

如果不是因为我们如何理解损害他人原则——它允许什么和禁止什么——将在很大程度上取决于我们如何理解损害，这可能仅仅会被视为一场学术争论。例如，考虑一下密尔在《论自由》的"应用"一节中对"违反礼节的行为"的简短而晦涩的讨论：

> 有许多行为，只对行为人本身造成直接损害，不应该被法律禁止，但如果是公开的行为，就违背了礼貌，因而属于对他人的冒犯，就应该被禁止。这些都是违反礼节的；关于这一点，我们不必多谈，因为它们只是间接地与我们的主题联系在一起，对于许多本身无可指摘也不应该受到谴责的行为，也同样有强烈的理由反对公开。[11]

这段文字的谨小慎微已到了难以理解的地步。但是很明显的一点是，密尔认为，有一些行为，只要它们是冒犯性的或不雅的，就可以被法律禁止在公共场合进行。不过，这其中不仅包括我们认为对主体有害的行为；我们可能还会认为，有些事情显然不会对主体造成损害，但出于同样的原因，它们不应该在公共场合进行。

然而，真正的问题是，在公共场合禁止违反礼节的行为的理由是什么。为了让我们看到这些行为有多么难以忍受，乔尔·范伯格（Joel Feinberg）带我们去了一趟想象中的"巴士之旅"。[12]他让我们想象我们在一辆拥挤的公共汽车上，有各种讨厌的乘客上了车。一些乘客会对你的感官产生冒犯（"一名乘客坐在你旁边，从他的公文包里拿出一块石板，然后用指甲在石板上划来划去"）；还有一些则令人作呕（"流动的野餐者用古罗马的方式大吃大喝，一直吃到饱，然后呕吐到桌布上"）；还有一些让我们感到震惊（"一群送葬者抬着一口棺材走进车厢，和你共用一个座位……他们称尸体为'老混蛋'和'血尸'……在某一时刻，他们用锤子打开了棺材，并重锤持续击打尸体的脸"）；另一些则会让人尴尬（不同的人、夫妇以及人与狗发生各种性行为）；还有一些只是让人讨厌（"你旁边的乘客是个友好的家伙……你很快厌倦了他的谈话,请求他让你读一下报纸,但他不顾停止的要求,仍然喋喋不休");还有一些会引起恐惧、羞辱和愤怒〔"坐在你旁边的乘客从军用装备里拿出一枚'手榴弹'(实际上只是一个逼真的玩具),在整个旅程中抚摸和玩弄着它,伴随着威胁的眼神和鼻音。然后他拿出一把(橡皮)刀……事实证明他是无害的。他的全部意图就是让别人担心受到损害"〕。

无论这些在哲学书籍中多么有趣,当你在公共汽车上、火车上、城市广场上或家门口的人行道上碰到所有这些现象时,你可能都不会觉得有趣。人们可能会忍不住说,禁止此类行为的理由仅仅是它们产生了一种损害——当人们面对此类行为的存在或出现时所遭遇的震惊、沮丧和愤怒。有人可能会说,这种震惊和沮丧触发了损害他人原则,因为它是令人讨厌的,而且是关于一个人自己的生活的(一个人希望自己不要感到震惊和沮丧);或者有人可能会说,避免震惊和沮丧是一个人的自然利益的一部分,实际上可能比一个人的一些财产和自由利益更重要。

无论这些答案看起来多么可信,它们似乎都有更深的、与损害他人原则不一致的含义。对一个人行为的道德评价,震惊和沮丧是敏感的:人们看到有人吃猪肉或者吃汉堡,可能感到震惊和沮丧,人们看到一个男人和一个女人在公共场合接吻,两个男人在公共场合接吻,或不同种族的一个男人和一个女人在公共场合接吻,可能感到震惊和沮丧。很难理解为什么一个在自己的生活中坚持生活的实践价值和自主观点的人,会支持允许禁止在公共场合实施任何冒犯多数人情感的行为的法律。但同样难以理解的是,如果没有提供法律依据,禁止其他不那么可怕但(在某些时间和地点)令人震惊的行为,范伯格所提出的系列恐怖行为在损害他人原则下是如何被合法禁止的。

进一步考虑，如果将情感上的痛苦、震惊和恐慌作为一种可以用法律手段来压制的损害，为何密尔关于言论自由的论证必须被修改和重新表述。在阐述自己的立场时，密尔强调了言语和行为之间的区别：

> 当它们表达的情况足以使其表达成为对某种有害行为的积极煽动时，这些意见实际上就失去了豁免权。谷物商使穷人挨饿或私有财产是抢劫的观点，只是通过媒体传播时应该不受干涉，但把消息口头告知聚集在谷物商店前兴奋的暴徒，或以海报的形式为这些暴徒传递消息，可能就会招致刑罚。[13]

密尔的建议是，当言论有直接和立即造成损害的倾向时——这种损害无法通过法律以外的手段来实际防止——可能不会获得他之前的论点所暗示的那种全面的豁免。毕竟这是常识决定的，也是限制这种自由（"好斗言论"、煽动暴乱等）的各种法律学说的基础。

但想象一下，如果我们开始把情感上的痛苦视为一种损害，会发生什么？因为有许多言论，一旦公开发表，就会立即引起情感上的痛苦。虔诚的宗教人士会因为公众对宗教的批评而感到非常苦恼；真诚的无神论者会因为公众对无神论的批评而感到非常痛苦。种族和宗教少数群体的成员过去遭受过苦难，现在仍受困于持续的歧视行为，当他们遇到对种族主义和宗教偏见的公开宣扬时，可能会感到非常痛苦。如果情感上的痛苦是一种损害，那么很多言论就会造成损害，而很多言论就会因此而不受损害他人原则的保护。各群体在制定有关"仇恨言论"的准则时遇到的巨

第 3 章 法的目的　　99

大困难，仅仅是试图调和损害的概念和言论本身是否有害的方式上存在的严重的概念和哲学问题的反映。

### 3.3.2 受害方

于是，有关损害他人原则中称得上是损害的行为范围，一系列担忧随之而生：在如何理解这个范围，是否能够用一种不被证明是反直觉的或任意的方式来解释它的方面，存在困难。一系列明显的担忧涉及这样一种观点的合理性，即法律限制仅用于防止对他人的损害，而不用于防止自我损害。

让我们回到密尔的论点——不是因为密尔对我们应该如何理解损害他人原则享有特权，而是因为密尔关于该原则范围的让步具有启发性和言之成理。几乎在密尔阐述了损害他人原则之后，他就立即告诫读者不要高估该原则适用的人群范围：

> 也许几乎没有必要说，这一学说只适用于心智成熟的人。我们不是说儿童或低于法律规定的男性或女性成年年龄的人……出于同样的原因，我们可以不考虑那些落后的社会状态，在那些状态下，种族本身可能被认为是未成熟的。[14]

密尔还注意到一些涉及发达社会成年人不能用损害他人原则所建议的方式来对待的情况。

> 如果一名公职人员或其他任何人看到一个人试图过一座已经被查明不安全的桥，且没有时间警告他危险，他们可能会抓住他，并使他返回，而不会真正侵犯他的自由；因为自由在于做自己想做的事，而他并不想掉进河里。[15]

密尔还声称,损害他人原则并不能证明允许人们出卖自己成为奴隶是正当的;而在普通合约中,

> 除非是为了他人(非缔约方)的利益,否则不干涉一个人自愿行为的理由是为了他的自由。他的自愿选择证明了他所选择的东西是他所渴望的,或者至少是他可以忍受的,而他的利益,只要允许他以自己的方式去谋求,大体上就能得到最好的提供。但如果他把自己卖作一个奴隶,他就放弃了自由;除了那一个单独的行为,他放弃了任何对它的使用……自由的原则不意味着他能够自由地抛弃自由。[16]

因此密尔认为,在很多情况下人们可以干涉他人的选择,其实是为了那些人的利益。在某些情况下,理由是一些人——争议较少的,比如儿童、严重智障者和精神病患者;争议较多的,如果整个社会还没有达到一定程度的稳定、成熟和文明——不能照顾自己的利益,于是"专制"[17]——至少,一种有爱心和开明的专制——是对待这些人和其行为的正确方式。在其他情况下,当我们与心智成熟的人打交道时,偶尔会有紧急情况:人们的选择可能会受到干涉,以阻止他们做在内心深处实际上不想做的事。有人可能想过桥;但一个人想过桥,只是因为他想过河,并且相信这是一条安全的路;如果潜在的干预者无法传达这样的信息:这座桥确实不是一条安全的过河之路,那么阻碍某人的过河选择就是为了其自由,而不是侵犯其自由。还有一些情况下,可能会有某些行为因其破坏自由本身的可能性,以至于我们不能合理地说,自由的价值排除了对这些行为的干涉。

密尔论证的要点是,这些都是孤立的案例,对于考虑支持损

害他人原则的人来说，不会产生更深层次的问题。孩子们，至少是年幼的孩子们，需要在抚养过程中限制他们的自由，这一观点是无可挑剔的。虽然密尔认同可能整个社会都不适合损害他人原则，但他向我们保证，"我们在这里需要关心自己"[18]的所有国家（他可能指的是所有《论自由》可能被阅读和考虑的国家）已经达到了那种成熟的水平。并且，虽然密尔承认在紧急情况下干涉主体的选择，以阻止他们破坏他们更深层次的需要是合理的，但他明确表示，比较好的方式是发出危险的警告，他人可以根据自己的判断听从或拒绝听从，而不是强行干涉他人的选择。

然而，需要讨论的一个重要问题是，密尔承认的损害他人原则的例外是否比密尔所设想的有限情况更广泛。密尔对损害他人原则的有力论证是，通过分析以防止主体自身损害为理由的权威性立法很可能基于不充分的知识，而且很可能会破坏生活方式实验和自主选择的利益。但是，一旦我们承认在某些情况下，干涉自我损害是正当的，我们就会认为，在某些情况下，支持不干涉的假设可能被推翻。如果在这些特殊情况下它可能被推翻，为什么在其他情况下不能呢？

杰拉德·德沃金（Gerald Dworkin）对这一思路进行了深入探讨。[19] 德沃金关心的是捍卫密尔的精神中的一种有限的家长式作风——"家长式作风"是这种观点的标签，即法律对主体行为的限制是为了保护或促进该主体的利益，所以是正当的。德沃金认为，构成我们愿意接受密尔承认的损害他人原则的例外的原因是，自主仅为了自主本身才受限：仅当他人的选择自由最终得到支持而不是削弱，才能证明对他人选择自由的干涉是正当的。身体不成熟、精神有问题或发育有缺陷的人需要家长式的指导，这样他们的行为方式才不会破坏他们所拥有的或将来可能拥有的任何有限的自主行动能力。一个在不知情的情况下要过一座不安全的桥的人此后将不会有更多的选择。如果一个人把自己卖做奴隶，那就是剥夺了自己自主选择的未来。

这是一个粗略的想法：对自主的限制必须是为了自主。[20] 德沃金引入了一种测试，我们可以用它来决定哪种类型的家长式自主限制是合理的。我们都熟悉这样的情况：一个人意识到自己以后将无法作出理性的、符合自己全部承诺和价值观的选择，于是采取措施保护自己不作出可预见的糟糕选择。尤利西斯想要听到塞壬的歌声，但他知道，如果他一边听着塞壬的歌声一边控制船只，他就会毁掉船只，毁灭所有船员；于是他把自己绑在桅杆上，这样当他以后想把船驶向礁石的时候，他的选择就不会得逞了。通常打算喝几杯酒的人会把自己的车钥匙交给朋友，并告诉朋友，如果他或她的身体状况不适合开车，就不要归还车钥匙。在这两种情况下，人们都是在保护自己未来不作糟糕选择。

家长式的干预并不总能在被限制自由的人事先实际同意的情况下被证明是合理的。在某些情况下，这是不可能或毫无意义的（例如，对儿童而言），甚至在更多情况下是不切实际的。德沃金建议依靠假设同意的测试：只有当人们事先同意这种干涉合理时，家长式的干预才是合理的。他认为，这类测试表明，对行为进行的几种广泛类型的家长式限制可能是合理的。

第一种类型是，当人们清晰地思考时，他们应该意识到，为了作出决定，某些东西是必需的——例如健康或一定程度的教育。如果有某些东西是自主生活所必需的，但带来这些东西的某些行为，无论以何种合理标准衡量，远不足以证明为获得这些东西所承担的风险是合理的，那么对这些类型行为的家长式限制在德沃金的测试中就是合理的。按照密尔的说法，有人可能会反

96

对：如果这些东西对自主生活如此重要，为什么国家必须采取措施禁止这些行为？为什么主体不自己克制？答案多种多样：有些人不了解有关风险的简单事实；有些人对风险有适当的认识，但纯粹是由于无聊的习惯或懒惰而没有采取他们在某种意义上知道他们应该采取的措施；有些人的风险厌恶倾向可能完全是非理性的。[21]

德沃金认为，第二种类型的家长式干预可能通过他的假设-理性选择测试被证明是合理的，它是由为了防止在胁迫下作出不可撤销或代价高昂的选择而制定的限制构成的。一些会改变人生的选择——自杀的选择很明显会改变人生——往往是在心理痛苦和恐慌的情况下出现的，而且没有足够的机会深思熟虑。因此，即使法律上的禁止是不正当的，在行动之前符合某些法律要求可能也是正当的。

因此，一个人可能在理性上想要保护自己不受知识或意志缺失的影响，也可能在理性上想要保护自己不受环境影响，不受妨碍自己思考能力正常运作的情况的影响；正如德沃金所写，"既然我们都意识到自己的非理性倾向、认知能力和情感能力的缺陷，以及可以避免和不可避免的无知，那么实际上采取'社会保险政策'是理性和谨慎的。"[22] 家长式干预的一般理由是，如果你能清晰、理性和有见识地思考，这就是你想要发生的，也就是为你做的事。当然，这个测试可能会被滥用：立法者可能会高估他们可以准确使用这个测试的程度。但是有充分的理由认为，即使把广义的密尔观点视为理所当然，正如密尔所界定的，相比损害他人原则，家长式干预允许有更广泛的理由。

不过，关于德沃金对密尔观点的友好修正，相对于更直接的损害他人观点，在多大程度上是足够稳定的替代，仍然存在疑问。假设我们说，选择中的自主只是为了自主而受到限制。我们有几个理由来支持这一观点。首先，我们可能认为保护自主权是人们满足需求的最好方式，无论这些需求是什么；在某些情况下，一个人需求的满足因允许其自主而受到阻碍（比如当人们信息不灵通、意志薄弱等），那么家长式干预就是合理的。其次，我们可能认为，不管一个人的需求如何，自主——能力、机会和自由选择能力的实践——是一种伟大的人类利益（human good），因此不应该为了其他利益而牺牲。我不认为还有第三种方法可以为"为了自主而限制自主"这一观点辩护。

但这两个答案都受到了批评。关于第一个：如果最终重要的是主体需求的满足，那么我们应该问密尔，为什么法律应该如此关心保障（就可行的而言）主体为满足需求而行动的能力，而不是保障（就可行的而言）他们需求的满足。鉴于行为人之间在基本需求方面的广泛相似性，以及行为人之间在意志和知识薄弱方面的广泛相似性，为什么法律不应该为了全体的需求满足而更直接地限制自由呢？

关于第二个：如果最终重要的是自主的客观利益，那么我们很可能想知道，尽管我们对利益的性质有着各种不确定，为什么我们却如此确信自主是人类最基本的、不可替代的利益。如果我们列出一份人类生活中看似合理的客观利益清单，很可能包括自主，但也可能包括生命、健康、知识、友谊、快乐和成就。为什么自主就比这些更重要，以至于家长式干预如果是为了自主就是合理的，而不是为了其他人类利益？（下面我会回到这个关于人类利益的问题，而不是关于自主的问题。）

## 3.4 道德立法

"你不能为道德立法。"这一主张经常被提出，但其含义本身并不清晰，有必要厘清哪些含义显然正确、哪些含义显然错误，哪些含义既不显然正确也不显然错误，因此需要进一步探究。

如果我们认为"道德"由社区中公认的用来指导自己行为和评价他人行为的规范构成，不遵守这些规范将因被禁止行为本身的性质而产生社会压力，促使人们遵守规范，那么不能为道德立法绝对、明显是正确的。不可能出现这种魔幻情况：通过一部法律把一项新的规范突然引入到日常道德中，于是，人们认为被立法所反对的行为是坏的、卑鄙的、令人厌恶的或没有价值的。毕竟，这就是哈特区分仅由习惯规范统治的社会和由法律统治的社会的全部要点。根据法律，可以引入具有约束力的新规范，即使这些规范没有成为大多数臣民所采用的日常行为标准。

与"你不能为道德立法"这个显然正确的含义相对应的是一个显然错误的含义，即认为立法不能影响社会道德意识的进程。这确实是错误的。一个无趣的原因是，几乎所有公共机构的活动都会影响一个社会的道德意识进程。一个更有趣的原因是，法律有权力制定规则，而且通常用遵从的动机来支持规则，这可以让不情愿的人遵守所要求的行为。在许多情况下，一开始仅仅是法律的东西可以成为习惯，并最终根据自身的需要进入公共道德。例如，很难否认反歧视法律对歧视在道德上应受谴责的程度产生了积极影响。很难否认打击酒后驾车的法律本身就是改变公众对酒后驾车看法的一部分。因此，虽然道德不能一下子立法，但立法可以在社会道德的内容上产生影响，无论是好是坏。

当人们说"你不能为道德立法"时,他们有时试图表达另一种想法。他们的意思是说,通过法律要求人们做出道德上正确的行为,是会弄巧成拙的。强迫某人按道德行事就像强迫某人去做志愿者一样:如果被要求去做还说是"自愿的",这种理解只能是虚假的、模糊的,说强迫下做的道德行为是"道德行为"也同样是一种虚假的、模糊的理解。在这种情况下,"你不能为道德立法"与"你不能强迫某人做志愿者"是相似的。

同样地,这个说法有一个正确含义,也有一个错误含义。正确含义是,在道德正直行为的典型情形中,人们采取行动是为了做正确的事——也就是说,一个人打算做 x 是因为它是有价值的,知道 x 是一件值得做的事并选择 x。如果一个人选择做 x,但并不知道 x 是否值得做,或者选择做 x 不是因为它有价值——而只是因为他被告知,或被威胁而选择它——那么这就不是一个典型的道德正直行为。所有这些似乎都是正确的。但也有一种错觉。虽然一个人在法律强制下做出道德上正确的行为,并不代表其是道德高尚的典型,但也不代表他或她是道德恶劣的典型。因为,如果法律强制阻止一个人选择明知道德上是坏的行为,那么,虽然法律没有使一个人以道德上最好的方式行事,但法律至少使一个人避免以道德上最坏的方式行事。还有更多。因为通过阻止一个人以道德上最坏的方式行事——法律施加的强制可能会抵消道德败坏的缺陷——结果就是一个人转而追求其他有道德价值的目的,那些他在选择时完全意识到其价值的目的。

所以,立法确实不能带来社会道德的瞬时变化,这是事实;法的力量确实不能让人们以在道德上高度值得称赞的方式做事,这是事实;但立法可以带来一些社会道德的渐变,阻止人们以在道德上高度受谴责的方式做事,这也是事实。然而,有时候,"你不能为道德立法"的意思并不是说法不可能用来为道德服务，而是说，无论是否有可能，都不应该这样做。[14] 法不应被用来促进道德或防止不道德。

几乎每个人都认同，一种行为仅仅因为其是不道德的，并不意味着应该被法律禁止；一种行为仅仅因为其不是不道德的，也不意味着不应该被法律禁止。还会认同：有很多行为是被禁止的，但不是因为它们不道德在先。想想所有被阿奎那称为"决定"的、作为良好共同生活所必需的一般规范的法律（见 1.6.2）——这些法律要求你靠右（或靠左）行车，在特定日期前缴纳税款，等等。这些行为不是道德的要求，但为了实现有价值的社会目的，法律完全可以这么要求。首先来看第一个认同：即使是阿奎那也同意密尔的观点，即我们不应该试图在法律上禁止我们所做的一切不道德的行为。有时，试图禁止某些不道德行为弊大于利：人们可能只是不愿意服从，他们对该规定的不尊重可能转化为对法律本身的不尊重；或者其执行可能太有侵略性或成本太高；或者这可能是一种难以判断的不道德行为，它最好留给上帝或个人良心，而不是法律体系。

并非所有非法的行为本身就是不道德的，也并非所有不道德的行为本身就是非法的。我们需要一些标准来决定立法反对（或支持）什么，因为道德上是错误的（或道德所要求的）是一个糟糕的标准。但即使我们拒绝这一标准：行为应该被禁止当且仅当它是不道德的，关于立法和道德，我们仍然面临一个活生生的问题：行为不道德的事实是认定其非法的好理由（不一定是决定性的，仅是一个好理由）吗？密尔认为，对他人的损害可以算作违法行为；其他人则声称自我损害和侵犯他人都是违法行为。道德立法的真正问题是，是否应该将不道德列入立法者可以正当依据的合法禁止行为的理由清单。

当下道德立法讨论的术语体系是在《沃尔芬登报告》(Wolfenden Report)之后制订的,《沃尔芬登报告》是由一个指定的英国委员会发布的声明,该委员会被赋予考虑同性恋行为和召妓是否应被视为刑事犯罪的职责。[23]该报告的结论是,这些形式的行为不应构成犯罪,并在这样界定时明确说明了立法的适当范围:

> 刑法……的功能是维持公共秩序和礼节,保护公民免受侵犯或损害,并为防止剥削和贿赂他人提供足够的保障,尤其是那些特别脆弱的人,因为他们年轻,身体和心灵都不成熟,经验不足,或者存在特定的身份、职务或经济依赖。[24]

该报告明确否定了道德本身可以作为立法合理性基础的观点:有许多行为仅属于私人道德,而这些行为"与法无关"。[25]

《沃尔芬登报告》提供的标准与密尔的损害他人原则没有太大区别,但又以密尔关于违反礼节和那些基于出生日期或"非年龄"的脆弱在自主权方面的资格问题的相关评论作为补充。下面是英国法官帕特里克·德夫林(Patrick Devlin)的解读,他详尽地论证说,将法的目的限制在防止损害或犯罪是一个严重的错误。[26]

假设我们区分了批判道德和实证道德。[27]批判道德是指那些从道德的角度正确地规定应该做什么的道德规范,因此可以用来准确地评价实际的选择和主流的道德信仰与态度;实证道德包含在那些实际上为某些社会所接受的社会规范中。德夫林的论证依据建构于实证道德立法的可取性:他反对批判道德应该立法的观点,因为批判道德的起源基本上都是宗教的而不是世俗的,因此任何不再强行把特定的宗教信仰认定为正确的社会,应该同样不再强行把基于特定宗教的道德规范视为正确的加以接受。[28] 他的论证是依据实证道德的重要性而建构的——实证道德往往是潜在的，但在一个社会中被普遍接受，它的轮廓可以从 12 个陪审团成员或随机选择的"克拉珀姆公共汽车上的人"的反应中发现。[29] 这种实证道德表现在对是非的判断，同时也表现在什么事情使我们高兴、吸引我们、让我们厌恶或排斥；它不仅引出了信仰，也引出了情感。

德夫林的观点是，我们有强烈的兴趣通过法律强制执行实证道德，虽然在很多情况下可能有与之抗衡的理由反对这样做，但我们不能划出一个道德立法不允许进入的区域。他的理由是这个。我们都关心维护社会，但是社会不仅仅是由一群人组成的：一个人不可能把一群人聚集在一起，从而形成一个社会。个体的集合之所以成为社会，是因为这些个体在某些方面是统一的——特别是贯穿于判断、评价、决定和感受的共同习惯。如果是这样，那么社会就会受到任何破坏共同道德评价之统一纽带的事物的威胁，并被任何维系这些纽带的力量所保护。而道德立法是维系这些纽带的一种方式：这种立法表达了反对某些行为的共同看法；它阻止那些由于缺乏常识或意志薄弱而受诱惑的人做出这些行为；它还有助于防止一种风气，在这种风气中，那些尚未成熟者容易受诱惑而养成与这种实证道德不一致的习惯。[30] 因为社会（在德夫林的意义上，由共同判断和情感联结起来的一群人）本身就受到私人不道德行为的威胁，在德夫林看来，拒绝支持反对不道德行为的立法，就像拒绝支持反对叛国的立法一样。不道德和叛国都是对社会的威胁；不道德和叛国都是法律禁止的正当对象。[31]

哈特立即对德夫林的观点提出了质疑，认为没有一种一致的方式来理解"社会",以至于如此一来私人的不道德行为总是对社会构成威胁,而社会是值得维护的。[32]这样想,一方面,我们可能把"社会"理解为"充分组织起来的个人,与他人和平相处,使这些个人有可能过上体面的生活"。根据"社会"的这一定义,显然社会是值得维护的,为此目的立法是正当的。但目前尚不清楚是否需要道德立法来维护这一目的。为什么私人道德必须由法律来规范,才能使生活在法律之下的人们过上和平、有序的生活?为什么对损害和严重犯罪——对和平和秩序更明显、更直接的威胁——的规制不足以保护社会呢?

另一方面,我们可能将社会理解为在一定程度上由其成员的道德观所定义:我们可能认为,具有独特的实证道德是一个特定社会的构成要件。即使一个拥有相同成员的社会,如果实证道德不同,也会是一个不同的社会;因此,一个社会实证道德的变化更应描述为一个社会取代另一个社会,而不是一个社会的实证道德进行转型。如果实证道德对一个社会至关重要,那么这个社会的生存将依赖于实证道德的维护。但我们不清楚,为什么"社会"意义上的社会值得维护。即使我们把一个社会的实证道德可能令人反感因此不值得保留这一观点放在一边,我们也不清楚为什么我们会把价值归于一个由共同道德立场所定义的社会单位的存在。

人们普遍认为,在哈特和德夫林的辩论中,哈特是胜利者。但是,就像在所有的辩论中一样,人们应该谨慎,不要把一方在辩论中获胜等同于一方在辩论中有足够的理由。值得一问的是,是否还有其他方法可以在不屈服于德夫林论点的不足的情况下捍卫道德立法。

以下是一些可能。一种捍卫道德立法的方式是作为一种家长式作风。这个观点是，当我们坐下来反思使生活变得美好的事物时，我们可能会在其中包含比自主更多的实质内容；我们可能会把生活中一些值得拥有的东西囊括在内，没有这些东西生活就会变糟。活着、健康比死亡、患病要好；有一些知识总比无知要好；有朋友总比没有朋友要好；等等。这些都是相当无趣的事实，当质疑它们时，通常的要点不是否认它们（"你疯了吗？无知比博学好，至少不比它差"这句话并不经常听到），而是否认一个人所理解的这些真理的含义（例如，"这是否意味着我们应该一直努力增加我们的知识？""这是否意味着利益之间不可能存在冲突？"）。现在，人们可能有足够的理由认为，正确而非错误地行事也在这个清单上——使生活变得美好的事物不仅是活着、了解事物和拥有朋友，而且还有做出道德的行为。

如果这是正确的，那么就有了从家长式作风到道德立法正当性的论证基础。假设我们采用德沃金的标准：如果一个人能够理性地预先接受对自己行为的家长式约束，那么家长式约束就可以正当地强加于人。现在假设我正试图决定我应该接受什么样的约束。如果我认为接受约束能改善我的生活，那么我会理性地接受它。在其他条件都相同的情况下，如果我不做不道德的事，我的生活将会更好。那么，在其他条件都相同的情况下，我会理性地接受道德立法对我的要求。

有一个思想实验可以让这一点更加生动。假设有可靠证据告诉你，当你明早醒来时，你会有强烈的愿望去做一些你现在认为在道德上非常令人反感的事。更重要的是，你将不再认为这种行为在道德上是非常令人反感的。这应该会让你很担心。你会想要做一些你现在认为是邪恶的事情，你的信念将会改变，所以你不会认识到你所做事情的道德败坏。现在，问题来了。在这种情况下，你会希望有法律约束你的行为，这样你就不能按照你的新愿望行动了吗？你可以预见到你可能会憎恨这种对你行为的约束，因为那时你不会相信你被阻止的行为是不道德的，而且你会非常想去做。但另一方面，有了约束，你可能会更开心地上床睡觉，因为你知道，即使你会渴望一些道德上令人反感的东西，至少你将会被阻止做出令人反感的行为。鉴于不做坏事的重要性以及对你的行为有这样的约束会让你不做坏事的事实，你可能真的希望对你的行为有这样的约束。这样，道德立法的合理性就可以通过德沃金提出的假设同意的测试来证明。

  人们可能会用各种方式反对这一提议。有人可能会反对说，按道德而非不道德行事并不是真正的人类利益。这是一个很难解决的争端——基本价值问题是出了名地难以解决，但我们应该记住，如果一个人倾向于拒绝其作为一种人类利益，那么他必须确定这是基于其否认所有关于人类基本利益的主张（如果是这样，阻挠自主有什么问题？）还是基于其否认按道德行事是人类利益（如果是这样，相对于按道德行事，我们有什么证据证明自主更有理由被认为是人类基本利益呢？）。

  相比之下，一个人可能会以密尔的风格说这不是一种心甘情愿的同意，因为它涉及这样的假设，即立法者比一个人对其特定情况拥有更多的认知，因此，他们有能力干预，让你走在正确的道路上，或者假设立法者通常比个体主体更了解道德。对于这一反对意见，有两种回答，但没法在这里详细阐述。第一，密尔这一反驳低估了道德立法所要解决的问题在多大程度上不是知识而是意志：不是立法者的知识优越，而是立法者能够提供一项权威的规则抵御立法者和臣民的意志薄弱，以防他们同样承认不道德行为。第二，在制定道德法的立法者和受该法管辖的人之间出现分歧的情况下，我们不需比较立法者和臣民的道德知识，至少当立法者作为代表而不仅仅是以客观仁慈的方式行事的时候（见2.3）：如果立法者是代表人民行事，那么相关的对抗性判断就是行为受到限制的臣民的判断，以及立法者代表其制定法律的人民的集体智慧。虽然这一集体智慧不能达至特定事例的细节，但我们应该说，①我们通常不认为人们会幸运地知道他们做什么是正确的，而只知道什么会让他们高兴或满意，②如果立法者认为这样最好，立法者可以把道德立法限制在特定的事例，在这些事例中细节在大多数情况下无关紧要。（我将在下面说明这一点。）

道德立法的第二个辩护来自于罗伯特·乔治（Robert George），他对德夫林的观点提供了一个友好的重新解释，[33] 称为新德夫林解释。乔治建议，我们可以从对德夫林最简单的解读——软弱无力的论证，转向更微妙、更站得住脚的观点。乔治提出的第一项修正是，德夫林的观点不能用来为任何实证道德辩护；批判道德应该是道德立法的基础。乔治认为，德夫林的错误在于认为批判道德的正当理由必然是宗教的：鉴于已经提出的各种道德规范的非宗教正当理由，德夫林的这一主张不仅作为道德正当理由的一般理论是难以置信的，甚至作为一个有关根据自然原因和神的启示捍卫自己道德规范观念的宗教传统的论题，也是难以置信的。第二项修正旨在提供对社会重要性的另一种理解：其理念是，社会是人类福祉的一个要素，因此社会关系是使人类生活顺利的重要组成部分。

乔治在为道德立法论证时利用了这两项修正。其理念是，在友谊和社区中与他人建立联系是人类福祉的一部分，因此是值得促进的公共利益的一个方面。但是，这种共同生活的价值被削弱到美德（无论是公共的还是私人的）退化、邪恶（无论是公共的还是私人的）得势的程度。举个例子，想想友谊的好处，那些地地道道的好人如何比彻头彻尾的坏人甚或那些生活总体上很好但却有严重恶习的人，更能充分领会友谊。乔治让我们想到社会生活的好处与友谊的好处不同，但类似。而且，如果公民的美德可以通过阻止私人恶行的法律来培养，那么，这些法律很可能因关乎公共利益而被证明是正当的。

无论是家长式的道德立法辩护还是新德夫林式的道德立法辩护，都同意密尔关于公共利益本质的广泛观点：公共利益应该以福利主义的方式来理解，它只包含主体的福祉。家长式观点认为，道德立法有助于支持按道德行事的人类利益，而新德夫林观点则认为，当人们按照共同的、正确的道德观行事时，社区的利益就会得到更充分的实现。还有第三种可能性值得在这里提及，部分原因是它并非基于公共利益的福利主义图景。

出发点是这样一种观点，即法应以公共利益为目的，而不仅仅是以福利为目的。例如，想想一些环保主义者代表某些繁荣生态系统的内在要求，或代表某些物种的生存所作的声明。将保护生态系统或物种生存作为法的目的正当化的一种路径是通过它们对人类福祉的影响。有些生态系统中居住着人类，他们的幸福取决于生态系统的稳定，有些生态系统只是探索起来很有趣，正如你可能会注意到的，治愈癌症的方法可能就藏在那里的某个地方。物种的互联正是如此，一个物种的灭绝会产生不可预测的后果，因此放任它们的毁灭对人类的福祉可能是有害的。

这样的论点虽然在某些特定情况下可能是合理的，但作为一种解释为什么在一般情况下生态系统应该免于毁灭、物种应该受到保护而不被消灭的方式，却非常不乐观。因此，有些人认为，我们应该简单地把生态系统或物种的生存视为具有内在价值的东西，即不考虑它们的存在和繁荣是否会影响人类的福祉。一旦我们把这些目的纳入我们的公共利益概念中，那么我们就可以将人们置于权威的要求之下，让他们为实现这些目的而尽自己的一份力：不要在荒野保护区倾倒垃圾，不要狩猎濒危物种，等等。

把有价值的目的称为理想，但并不完全是因为它们对人类福祉的贡献。如果我因为不被允许在自然保护区倾倒垃圾或狩猎秃鹰，就抱怨我的自由受到限制，应该根据下述主张来组织回应：这些理想是有价值的，以这些方式尽自己的一份力来推动这些有价值的理想并非强加给一个人的沉重负担。但是，如果一个人接受理想的存在，以及这种根据理想将限制自由正当化的整体策略的存在，那么他至少打开了道德立法的另一种辩护的可能性。一个人可能把一个美德繁荣（或邪恶失势）的道德社会当作理想：就像一个生态系统的蓬勃发展或一个物种的持续生存，一个社区在这种意义上的道德良好确实是一件了不起的事情。实现这一理想——或者更接近它——的一种方式就是限制某些不道德行为。正当的理由是，就像在生态系统和物种的例子中一样，对自由的限制并不是过重的负担：因为虽然自由确实受到了限制，但被取消的只是人们无论如何都不愿选择的选项。

关于道德立法的一个普遍担忧是，人们不相信立法者能够很好地制定这类法律：他们要么不能代表人们对这个问题深思熟虑的、具有反思性的观点，要么精准地代表人们对这个问题不成熟的、未反思的、有偏见的观点。这当然是一种适当的担忧，但与我们对所有立法应该有的担忧没有什么不同。有些人可能会像密尔一样担心道德进步的可能性会受阻，因为只有当人们能够自由地实施与私人道德的主流观点——即使是那些深思熟虑和具有反思性的观点——相悖的生活实验时，道德进步才会产生。这的确令人担忧，但并不清楚应对之道是否应该是全面消除道德立法；或许应对这个问题的正确方式是，将对生活实验的破坏，以及执行成本高昂、可能弄巧成拙等能够提供理由不去立法反对私人不道德行为的要素一起考虑。但即使承认这些，似乎仍有一些类型的行动是道德立法的候选。

举一个具体的例子：买卖儿童色情制品的行为。假设有人想证明这种行为应该被法律禁止。有人可能会说，禁止这种行为的理由是在制作和销售这些东西时对儿童造成的损害。要想成功，就必须证明所谓对儿童的损害确实普遍存在，而且这种损害是一种真正没有争议的损害。目前还不清楚是否能获得足够没有争议的证据。但是，如果我们愿意，我们可以把这个问题放在一边，因为我们注意到，这些色情作品可能是电脑生成的，尽管描绘极其逼真。制作过程无需儿童参与其中。

很难看出一个一贯维护损害他人原则的人如何能支持法律禁止买卖这种形式的儿童色情制品。一些人声称使用这类制品会让用户更有可能伤害儿童，但实际证据不足，目前还不清楚这是否只是表明那些倾向于伤害儿童的人更有可能购买儿童色情制品。如果有什么是损害他人原则的捍卫者想要排除的，那就是诉诸模糊的、间接的、不确定的未来对他人的损害，以禁止主要是利己的行为。

道德立法的捍卫者可能会在这里声称，买卖儿童色情制品的主要目的是，最终用户可以通过它获得性满足。道德立法的捍卫者可能会说，通过赤裸裸的儿童色情描述来寻求满足是堕落、无耻和邪恶的这一观点是无可辩驳的。很难相信会有任何生活实验的结果告诉我们并非如此，或者说，那是否是堕落、无耻和邪恶的，不同的人因其境遇的不同而有不同的答案，而立法者在很大程度上对这些境遇不了解。如果通过依法禁止买卖儿童色情制品来阻止通过儿童色情描述寻求满足是合理的（但不是鼓励其他形式的同样恶劣或更恶劣的行为），那么在这种情形中使用道德立法就是正当的。

## 延伸阅读

讨论法的适当目的的经典渊源是：John Stuart Mill, *On Liberty*, Elizabeth Rapaport (ed.), Indianapolis, IN: Hackett, 1978.

密尔观点的当代捍卫者——尽管并不总是出于密尔的原因——包括：Joel Feinberg, *The Moral Limits of the Criminal Law* (magisterial multivolume), New York: Oxford University Press, 1985; Joseph Raz, *The Morality of Freedom*, Oxford: Clarendon Press, 1986, Chapter 15, pp. 400-429.

德夫林与哈特之争为当代道德立法讨论设定了议程；参见Devlin, *The Enforcement of Morals*, London: Oxford University Press, 1965; Hart, *Law, Liberty, and Morality*, Palo Alto, CA: Stanford University Press, 1963.

Richard A. Wasserstrom (ed.), *Morality and the Law*, Belmont, CA: Wadsworth, 1971. 本书是一本非常有用的藏书，里面收录了德夫林、哈特、杰拉德·德沃金等人的作品。

最近对道德立法的辩护可以在下列文献中发现：Robert P. George, *Making Men Moral*, Oxford: Clarendon Press, 1993; John Kekes, "The Enforcement of Morality", *American Philosophical Quarterly* 37 (2000), pp. 23-35.

# 注 释

1. John Stuart Mill, *On Liberty*, Elizabeth Rapaport (ed.), Indianapolis, IN: Hackett, 1978 (1859 年首次出版).

2. Ibid., Ch. 1, p. 9.

3. Ibid., Ch. 1, pp. 9-10.

4. Ibid., Ch. 2.

5. Ibid., Ch. 1, p. 9; Ch. 4, pp. 75-76.

6. Ibid., Ch. 4, p. 79.

7. Ibid., Ch. 1, p. 10.

8. Ibid., Ch. 4, p. 81.

9. Ibid., Ch. 3, p. 54.

10. Ibid., Ch. 3, pp. 54-55.

11. Ibid., Ch. 5, p. 97.

12. Joel Feinberg, *The Moral Limits of the Criminal Law: Volume II, Offense to Others*, New York: Oxford University Press, 1985, pp. 10-13.

13. Mill, *On Liberty*, Ch. 3, p. 53.

14. Ibid., Ch. 1, pp. 9-10.

15. Ibid., Ch. 5, p. 95.

16. Ibid., Ch. 5, p. 101.

17. Ibid., Ch. 1, p. 10.

18. Ibid., Ch. 1, p. 10.

19. Gerald Dworkin, "Paternalism", *Monist* 56 (1972), pp. 64-84.

20. Ibid., p. 76.

21. 德沃金将知识的弱点和意志的弱点视为不同的范畴，但我将它们视为一个范畴：它们都是主体内在的选择弱点，因此可以方便地一起讨论。

22. Dworkin, "Paternalism", p. 78.

23. *Report of the Committee on Homosexual Offenses and Prostitution* ("the Wolfenden Report"), New York: Stein and Day, 1963 (1957 年首次出版).

24. Wolfenden Report, paragraph 13, p. 23.

25. Ibid., paragraph 61, p. 48.

26. Patrick Devlin, *The Enforcement of Morals*, London: Oxford University Press, 1965. 这本书的第一部分"道德与刑法"在1959年作为公开演讲发表, 那是在《沃尔芬登报告》发表后不久, 也是对《沃尔芬登报告》的回应。德夫林对"克拉珀姆公共汽车上的人"的呼吁在英国法律中很常见, 这一提法是对普通的、正派的公众成员的简称; 它是由大法官鲍温 (Lord Justice Bowen) 在以下案件中创造的, 参见 *McQuire v. Western Morning News*, 2 K. B. 100 (1903) at 109.

27. 哈特在他对德夫林观点的讨论中指出了这一区别: 参见 H. L. A. Hart, *Law, Liberty, and Morality*, Palo Alto, CA: Stanford University Press, 1963, p. 20.

28. Devlin, *The Enforcement of Morals*, pp. 4–5.

29. Ibid., p. 15.

30. Ibid., p. 22.

31. Ibid., pp. 24–25.

32. H. L. A. Hart, "Immorality and Treason", *Listener* (July 30, 1959), pp. 162–163; reprinted in Richard A. Wasserstrom (ed.), *Morality and the Law*, Belmont, CA: Wadsworth, 1971, pp. 49–54.

33. Robert P. George, *Making Men Moral*, Oxford: Clarendon Press, 1993, pp. 65–82.

# 第4章
# 刑法的性质和目的

## 4.1 法律规范的类型

正如哈特在他对奥斯丁观点的批评中所强调的那样（见1.2），法律规范有多种类型。一些授予权力，一些授予权利或特权，一些施加义务。例如，合同法处理个体之间相互设定义务，以及法律制度承认和执行这些义务的方式。又如，宪法处理各种政府工作人员权力的授予和限制。没有一个法律领域不具有丰富的哲学预设，因此没有一个法律领域不适于哲学讨论；本书没有足够的篇幅来讨论所有这些问题，也不能因为缺乏兴趣而排除任何一个。我们必须有选择性，所以我们将集中在法律规范的两个领域，主要关注人与人之间受法律义务约束的方式，以及当主体没有充分履行义务时应采取的适当应对措施。其中一个领域就是刑法。刑法的特征在于违反其规范的人要受到刑罚。另一个领域是侵权法。侵权法的特征在于，那些因违反其规范——没有合同基础的规范——而损害他人的人对受害者负有赔偿责任。在这一章和下一章，我们将分别讨论刑法和侵权法。

## 4.2 罪与罚

犯罪是对法律规范的违反，并因此承受刑罚（punishment）。犯罪（几乎）普遍由两个要素构成：心理要素和行为要素。[1] 要犯罪，一个人必须有犯罪意图（mens rea），并且必须实施了被禁止的犯罪行为（actus reus）。

犯罪意图的必要条件因罪行的不同而不同：有时需要故意，有时必须知情，有时起于鲁莽，有时出自疏忽，不管是严重的还是普通的。但在所有这些案件中，有犯罪意图意味着罪犯知道（或应该知道）某些事情，并且罪犯选择了（或没有选择）某些事情。犯罪意图是一种心理状态，但"心理"被理解为既包括一个人的认知——心理的认识方面，也包括一个人的意志——心理的选择/意愿方面。

犯罪行为是自愿的。它包括归因于行为人的一些行为，行为可能涉及做某事或不做某事。（开车碾过某人是犯罪，开车碾过某人后什么都不做也可能是犯罪。）在这两种情况下，犯罪行为不仅包括行为本身，还包括行为是自愿的。"自愿"在这里只能作狭义理解——在这个意义上，说行为是自愿的指事情是行为人做的，是行为人行使其能动性的行为，而不仅仅是发生在行为人身上的事。这种自愿的不成立是特别极端的。如果一个人在梦游、催眠或昏迷状态下从事犯罪行为（不作为犯罪！），那么犯罪行为的自愿条件就不满足。

什么是刑罚呢？刑罚的许多特征似乎对其至关重要，但这些特征加在一起似乎并不能将刑罚与其他法律现象充分区分开。[2] 第一，刑罚本身就是某种罪恶，这一点很重要。刑罚包括剥夺好的东西或强加坏的东西：被处刑罚可能是失去一个人的财富，一个人的自由，一个人的地位，一个人的公民权，甚至是一个人的生命；被处刑罚可能是对某人造成痛苦或损害。第二，被处刑罚是因为未能符合某种有约束力的标准。当一个人被处刑罚，是因为他没有遵守人们期望他遵守的准则。（这并不是说无辜的人永远不会被处刑罚；显然，悲剧的是，有时他们会。关键是，当一个无辜的人被处刑罚时，他或她必然被认为违反了某种规范，或者至少被声称违反了某种规范。）第三，刑罚由具有能动性的权威机构执行。执行刑罚是能够思考和判断的人的工作；也就是说，这不仅仅是一个自然过程。（的确，我们有时谈到刑罚时没有提到这样一种能动性——有人可能会呻吟着说，"这是我昨晚喝得太多的刑罚"——但这是比喻；刑罚需要个人的接触。）并且，刑罚是一种具有权威的行为，无论这种权威是真正的还是仅仅是事实上的（关于这种区别，请参见导论）：一个人可以作为治安维持者伸张正义，但他或她不能执行刑罚。

因此，刑罚是权威因为一个人没有遵守某种行为规范而施加于其的剥夺。有趣的问题是，这些条件是否足以将刑罚与其他类型故意的和权威的强制剥夺区分开来。以下两种情况表明，这些条件加起来也是不充分的。

以弗莱明诉内斯特一案（Flemming v. Nestor）为例。[3] 在这个案件中，美国法律允许过去的共产党员身份作为被视为非公民驱逐出境和取消社会保障福利的理由。这项法律是在一名保加利亚移民艾菲拉姆·内斯特（Ephram Nestor）加入共产党后又离开共产党之后通过的。内斯特被驱逐出境，他的福利被取消，他对取消福利的裁决提出上诉，认为这是溯及既往的刑罚，违反了美国宪法。该案提交至最高法院审理，其核心问题是，内斯特被剥夺社会保障福利是否被视为刑罚。法院的裁决是，事实并非如此：虽然的确因为内斯特过去的共产党员身份，当局对其施加了权威性的剥夺，但这不是一种刑罚；这只是一项用来管制美国移民的规定。为了理解这个裁决——如果一个人认同它是正确的——他必须说，我们所看到的三个刑罚条件在一起不足以区分刑罚和非刑罚，内斯特的案例不满足尚未命名的第四个条件。但是，即使一个人认为法院的裁决是不正确的，为了理解它引出的问题，他也必须认为刑罚还有更多的含义。因为很明显，内斯特的情况满足我们的前三个条件。

还有另一种情况。体育比赛是有规则的，通常会对违反规则的人施加打击，而这些打击通常是由有权识别违规行为并施加打击的裁判施加的。如果一个篮球运动员在持球时迈出了不止一步，这就构成了走步，是违反规则的；发现走步的裁判叫停比赛，并将球权交给对方球队。这是对违反约束性规范的选手的权威剥夺。但要说体育裁判每次对违反规则的行为进行处罚（penalty），就会有刑罚发生，似乎是一个可怕的延伸。如果这确实是一个延伸，那么我们将想知道我们应该如何准确区分刑罚和处罚。

刑罚应当区别于处罚；刑罚要与那些阻碍某些人利益的规定区分开来。如何区分它们？最明显的地方是看剥夺的意义、目的或作用。在弗莱明诉内斯特一案中，最高法院的论证基于这样一种主张，即有关规定的目的仅仅是为了促成理想的移民模式。在篮球比赛中，处罚的意义只是定义比赛中可接受的球的移动，并确保球队不会不公平地违反规则。为什么这些事例不属于刑罚案例？乔尔·范伯格认为，刑罚具有本质上的表达功能：无论何时裁决刑罚，它都表达不赞成的判断和愤慨、怨恨的态度。[4] 刑罚本身以一种特别生动的方式表达了谴责。这种谴责的表达在移民和篮球的案例中很可能是不存在的：不管人们是否认为内斯特应该因为是共产主义者而受到谴责，人们都可能会认为，健全的移民政策需要驱逐前共产主义者，不能让其继续获得好处；同样，人们很少会对那些在篮球比赛中走步的人心怀愤慨和怨恨。

　　刑罚本质上是一种表达的观点需要进一步讨论。在刑罚中，谁或什么受到谴责呢？简单地说一个人违反了规范就要受到谴责，这是一种误导：刑罚不一定是对一个人品格的完全谴责。它也不可能仅仅是一种行为，一种缺点：虽然官员们把失败视为缺点而作出处罚，某种程度上这也是在谴责它们，可是这样我们就会失去区分刑罚和处罚的基础。谴责的对象必须是某一特定面向的人，即作为行为实施者的人。

　　如果这种刑罚的观念是正确的——我将在下文中当然认为它是正确的——那么就很容易理解为什么犯罪必须从犯罪意图和犯罪行为两个角度来理解。刑法是用来规定行为规范的。行为人只有当在必要的精神状态下选择作出违反有约束力的规范的行为时，才能被谴责。人们在篮球场上是否有意选择走步或许并不重要，人们是否应该避免加入共产党或许也不重要；关键（各自）是，允许走步将在比赛中赋予不公平的优势，不管是否有意选择走步，而共产党员（据称）关乎对美国稳定的威胁。

## 4.3　刑罚的两种规范理论

　　刑罚是法律权威的行使：当被授权这样做的人施加严厉的处置，谴责罪犯违反权威法律规范时，刑罚就发生了。在许多地方，权威参与了刑罚的实践：它是由于违反权威的规则而产生的；法官经常被要求对那些被发现有违法行为的人处以一定程度的严厉刑罚；各方则被权威授权实施这些刑罚。现在，只有在涉及公共利益时，法律才具有正当性。但是，法律的正当性基于公共利益这一事实产生了刑罚的基本问题。刑罚的基本问题是，刑罚的目的是使人的境况恶化。当一个人执行刑罚，他对另一个人施加了严厉的处置，损害了他或她的利益。但是，为了公共利益，怎么可以让人们的境况恶化呢？

刑罚的基本问题是解释我们如何证明刑罚旨在使人的境况恶化的正当性，这就是刑罚的意义问题。但刑罚理论还应当处理另外两个问题。其中一个是目标问题：何种行为应该受到刑罚？这与我们前面（第3章）询问何种规范应该受到权威法律规则限制时所处理的问题不同；我们正在询问的是何种权威法律规则应该通过刑罚来执行（与完全不执行，或者通过公共舆论或赔偿要求执行相对）。另一个是数额问题：对于一个特定的犯罪，如何确定适当的刑罚尺度？

两种普遍的观点主导了关于刑罚的意义、目标和数额的争论：功利主义和报应主义。功利主义观点的基本理念是，刑罚是有意义的，因为（在一定范围内）刑罚会促进社会产生良好的后果。刑罚的适当目标是那些根据利益和成本衡量最需要刑事化的行为，而应该设定的刑罚数额是由产生最佳整体后果的刑罚水平来确定的。

### 4.3.1 功利主义理论

杰里米·边沁提出了功利主义观点的经典陈述。[5] 边沁对所有决策问题（无论是个人决策还是社会决策）都持功利主义观点：所有决策都应以促进社会整体利益为出发点。关于法律义务和刑罚的规则也不例外：我们应该追问必须制定什么样的刑法，对违反刑法的人应该给予什么样的刑罚，追问什么样的罪与罚方案最能促进整体利益。（作为一个类别的功利主义者并不认为法官应该有自由裁量权根据他们自己对社会整体利益的计算确定罪行和刑罚；相反，他们声称，臣民和法官都遵循的、指导刑法选择的一般规则，应该以为了社会整体利益的方式制定。）边沁认为，在一个政治共同体中，个人的利益是快乐，不利是痛苦。我们采用了更广泛的概念，允许有更广泛的各种可能的人类福祉要素（3.3.1），但即使根据这种更广泛的观点，人们仍然可以肯定功利主义的论点，即刑法应以促进政治共同体成员的整体福祉为指导。

边沁认为刑罚本质上是"损害"[6]——就像我们上面说的，刑罚本身就是使人（罪犯）的境况恶化。刑罚的意义在于，如果有规则规定人们以某种方式行事就会受到刑罚，这对社会的整体福祉是有好处的。

为什么会这样？假设那些被判有罪的行为是那些在一个政治共同体中产生较低整体幸福感的行为。也许这些行为的实施损害了他人，或者损害了行为人本人，或者造成对他人的冒犯。现在，我们想确保这些行为不会被实施，一种可以做到这一点的方法是将刑罚作为这些行为的后果。制定这样一个规则：如果一个人做出某种导致不幸福的行为，他就会受到刑罚，其意义在于整体上会有更大的幸福。

可以解释刑罚和整体幸福之间这种联系的机制有很多，而且可能因情况而异。首先，反对实施一些行为的规则可能会提供一般威慑：如果规则是众所周知的，人们会想到，如果他们实施了此种行为，他们极有可能被抓，且刑罚会带来显著损害，那么他们将有进一步的理由避免这种行为。规则的执行可能有额外的特殊威慑效应：实施了犯罪、被抓并判处刑罚的人对刑罚有鲜活的第一手了解，从而比普通人可能更有理由避免犯罪行为。可能还有其他促进幸福的效果。如果所采用的刑罚方式能够帮助罪犯认识到自己所犯的错误，那么罪犯的改造或重新做人可能会提高社会的安全性。（这就是监狱背后的理念——人们可以在那里为自己的罪行忏悔。）如果刑罚的形式足以使罪犯与进一步犯罪的手段或机会隔离开来，那么使其丧失行为能力也可能是刑罚的一个好处。

到目前为止，我们所关注的是，规定刑罚的规则如何预防未来犯罪从而保障额外的社会福利措施。我们还应该注意到，选择一种刑罚方案而不是另一种可能会对整体幸福感产生其他影响。假定通常情况下人们确实对罪犯因某些罪行而受到刑罚感到某种满意。如果人们对罪行严重的罪犯受到刑罚感到满意，衡量对某些罪行的判罚是否有充分依据时，这一事实可能会被考虑。

另一方面，功利主义的观点可以作为根据，将某些行为划为如边沁所说的"不适合刑罚"。[7] 在某些情况下，刑罚是没有根据的：没有需要威慑的行为。在某些情况下，刑罚是无效的：虽然我们可能想要阻止这种行为，但刑罚可能是一种无效的方式。在某些情况下，刑罚规则是无利可图的：执行规则付出的人类幸福代价大于从中获得的好处。毕竟，刑罚不只对被判刑者不利：在抓捕罪犯、将他们带到法庭、定罪和执行刑罚的过程中要耗费资源。在某些情况下，即使刑罚有助于阻止不良行为，刑罚也是一种低效的预防手段。（边沁包含了第四个类别，即刑罚是不必要的，因为通过其他方式可以带来好的效果：我更愿意认为这是另一种低效的情况，因为，毕竟替代刑罚的方式可能比刑罚成本更高，那么从功利主义的角度来看是不合理的。）[8]

功利主义作为刑罚正当性解释的吸引力很大。当我们想象没有刑罚制度会失去什么时，最直接的想法是安全——刑罚的正当性基于这样一个事实：一个没有有效刑罚的世界将是一个非常不安全和不幸的世界。功利主义观点把这个想法延伸到对刑罚的充分解释中，认为适合定罪的行为范围和各种犯罪的处罚方案的制定，需要充分考虑社会幸福的成本和收益。不仅规范的理论基础是可信的，而且功利主义告诉我们，我们需要什么样的信息来决定哪些具体行为应该定罪，应该判处哪些刑罚，以及在原则上我们如何解决关于这些问题的争议。因为这些问题将会变成社会科学的问题，即刑事定罪和社会幸福之间，以及一定程度的刑罚和由此产生的社会利益与代价之间存在怎样的关联。

一种经常针对功利主义刑罚观的批评是它将准许制裁无辜的人：如果在某种情况下构陷一个无辜的人会产生最好的整体结果，那么功利主义的观点就意味着应该实施这一刑罚。但这是一个糟糕的批评，如果我们记得，功利主义刑罚观旨在证明的是刑罚规则体系的正当性：任何包含了"为了促进整体利益官员可以构陷无辜"的但书规定的规则都不可能是一个促进最好的整体后果的规则。伴随这一规则而来的焦虑，以及在棘手案件中伴随有罪判决而来的不确定性和不信任，肯定会削弱这一规则可能具有的潜在效用。[9]

其他的批评更难回避。这是边沁所信奉的功利主义观点的直接含义，即那些不能被刑罚有效制止的罪行不应受到刑罚。但这与我们对刑罚的一些根深蒂固的信念相反，在某些类型的案件中，即使刑罚并不是有利可图的反应，刑罚也是应有的。以非预谋杀害配偶犯罪为例。这可能是一种典型的因情绪激动犯下而很少考虑个人后果的犯罪行为。假设非预谋杀害配偶确实对一般或

第 4 章 刑法的性质和目的 129

特殊威慑不太敏感，而且犯了这种罪的人往往不会再犯杀人罪，或者他们未来的犯罪记录确实不会与那些没有犯过杀人罪的人有很大不同。这样看来，我们似乎不得不说，非预谋杀害配偶不是我们应该判处刑罚的那种事情。但是，我们大多数人都会对这样一种观点感到非常震惊，即杀害配偶的人应该免于刑罚。

对杀害配偶的担忧在于功利主义观点认为，在这种情况下，我们应该判处轻微刑罚。相反的担忧也出现在其他情况下。想想一种为了巨大个人利益而故意实施的犯罪，这种犯罪比较难以发现和判刑。在这种案件中，除非对那些被抓住的少数人的刑罚非常严厉，否则刑罚的威慑作用就不明显。例如，在哈默林诉密歇根一案（Harmelin v. Michigan）中，[10] 一名携带672克可卡因的男子被捕，并被视为一名潜在的毒贩，（按照法律的要求）被判处终身监禁，不得假释。严厉刑罚很可能会非常有效地减少这类犯罪。（在一定程度上，这种严厉的法定刑罚被检察官用来让被告提供针对其他罪犯的证据，以换取减少对他们的指控。）这里的结果表明，在某些情况下，功利主义观点会暗示我们应该重刑。

事实上，对于功利主义者来说，情况可能比在这里表现的更严峻。有人可能会反对说，功利主义甚至没有提供一个明确的理由，说明为什么要受苦的人一定和违反权威规范的人是同一个人。功利主义可能会准许间接（vicarious）刑罚。有人可能会认为这是不可能的，考虑到刑罚是对不法行为的谴责这一分析：一种刑罚怎么可能通过对B施加严厉的处置来表达对A不法行为的谴责？但这显然并不疯狂，因为有人可能会说，通过惩罚与A关系密切的人——A的近亲，或者是最亲密的朋友，就能清楚地告诉A他的行为有多糟糕。这样做是否合理，取决于作为一般规则，间接刑罚能在多大程度上带来好的结果。一方面，人们可能担心那些与自己亲近的人会犯罪，从而使自己受到间接刑罚；另一方面，一个人可能采取比其他人更多的行动来防止与自己亲近的人走上犯罪的道路。一方面，有些人可能更倾向于犯罪，因为他们知道对罪行的刑罚将会落在别人身上；另一方面，有些人宁可自己以身涉险，也不愿意将他们所爱的人置于危险之中。在功利主义的观点中，这将只是一个经验主义的问题：在相关社会科学告诉我们间接刑罚可能产生的影响之前，我们不能就间接刑罚的正当性发表意见。

另一个论点是关于社会科学研究的可用性，这将使我们能够执行功利主义计划，通过参考可能的后果来决定哪些行为应该被定罪，以及针对这些行为施以刑罚的程度。一个直截了当的批评是，这类计算是出了名地具有争议，其证据也远远不足以得出结论。例如，考虑一下一个经过极为仔细研究的问题，即死刑是否具有一般威慑作用，其威慑作用是否超越普通的替代办法、相对不那么严厉的刑罚。事实上，专家们在认同或否认死刑具有此种作用方面完全无法达成一致。[11]（当然，它有特殊威慑作用！[12]）我们所拥有的大多是模糊印象、传闻证据，以及关于某些刑罚对犯罪发生率的影响的一种先验推测。但是，问题当然比仅仅确定某种刑罚是否具有一定威慑作用要难得多；我们需要确定产生这些威慑作用的收益是否足以冲销刑事定罪不可避免的成本。[13]

刚才讨论的反对意见是一种"在实践中"的反对意见：功利主义刑罚理论家所要求的那种计算需要大量的信息，而事实上，关于这种计算，我们目前缺乏很多真正可靠的信息。人们可以对功利主义采取更强硬的态度，那就是，这种计算在原则上是不可能的。功利主义的观点要求对刑罚进行成本效益分析。但是，考虑到涉及各种各样的人类利益——金钱、痛苦、失去自由、丧失

第 4 章 刑法的性质和目的　131

生命、安全、情绪稳定等——很难看到用什么共同标准来评估不同刑罚方案的各种成本和收益。

功利主义的困难源于它的功效。它诉诸刑罚在实现社会生活利益方面的重要性,产生了刑罚可以出奇地轻或出奇地重的结果,因为不同犯罪对刑罚威慑作用的灵敏度是不同的。它诉诸一种源头来解决定罪和刑罚数额问题的争议——社会科学的研究成果——这使得这些决策的作出取决于该领域是否存在专业知识,但在实践中或原则上可能确实没有这样的专业知识。

### 4.3.2 报应主义理论

有前途但麻烦不断的功利主义的一种替代模式是报应主义。功利主义刑罚理论经常被描述为"前瞻性的"(forward-looking):刑事定罪和设定一定刑罚的理由是,未来的幸福可以通过制定有效的规则来实现。相比之下,报应主义理论被描述为"后顾性的"(backward-looking):在报应主义观点中,刑罚的目的是对不法行为本身作出反应——对犯罪施加刑罚在本质上是适当的。当一个人违反了法律规范,他就做出了道德上应该受到谴责的行为,相应的法律措施就是刑罚,刑罚的程度应与犯罪的严重程度成正比。

我们将报应主义对"意义何在?"问题的回应暂时放在一边,以便审查其处理应将哪些行为定为犯罪以及如何确定刑罚程度等问题的方式。刑事定罪的问题无法用报应主义的术语得出一个显而易见的答案,在我看来,报应主义者的最佳对策是简单地遵循前一章所列出的路线。回想一下,在前一章中,有人认为,法的适当目的是由最站得住脚的公共利益观念和对法律权威的限制共同决定的(3.1)。从报应主义的观点来看,任何根据这些条件制定并将其作为责任事项强加于主体的法律,都应适合于定罪。因为违反这些法律，就是未能为公共利益尽自己的一份力，这在道德上是应受谴责的，因此（鉴于报应主义者的观点）是一种错误，而对此类错误，刑罚是一种适当的措施。

此处应注意两项澄清。第一，报应主义者不认为有理由通过法律对每一个道德错误处以刑罚。相反，报应主义者致力于这样一种观点，即所有的道德错误，只有在法律的禁止范围内，才是刑罚的合适对象。也可能存在一些道德上应该受到谴责的行为，这些行为没有被视为对公共利益的侵害，因此不适合处以刑罚。例如，如果一个人认同法的目的不应该解读出对自我伤害的预防，则报应主义者可以认为惩罚这样的行为不是法律的责任。

第二，报应主义者不必声称刑罚是对每一种道德上应受谴责的行为的强制性措施。有一些报应主义者提出了这种非常强烈的主张。在伊曼努尔·康德（Immanuel Kant）的报应主义理论中，一个决定自我解散的社会在解散前有义务处决所有被定罪的杀人犯；报应的实施是一种道德要求，它压倒了与之竞争的社会关切。[14] 但明智的报应主义可能会否定这种观点，认为刑罚是法律的一个重要目的，不过在面对与之竞争的政治关切时，这个目的可能不得不牺牲。因此，虽然某些行为值得处以刑罚，但起诉和惩处犯罪者的难度或费用可能会让报应主义者有理由拒绝将其定罪。这并没有把报应主义者变成功利主义者：刑罚的意义仍然是为了"顾后"，即对不法行为作出反应。其效果是认识到，对不法行为作出反应是一个目的，可以与法律可能追求的其他重要目的相竞争。（这里有一个类比。人们可能会认为，一个公民做了一件特别英勇的事，应该为他或她举行一个公开的纪念仪式。但是，人们也可能认为，从整体上看，为公民举行一场公开的纪念仪式是否正当，将取决于是否有足够的公共资金来执行它，以及如果要举行纪念仪式,哪些公共项目必须搁置一旁。但这并不意味着仪式的意义就不在于纪念公民的英勇事迹。)

关于任何特定犯罪的刑罚数额问题,报应主义者肯定了刑罚比例原则。其主张是,刑罚的严重程度应与犯罪的严重程度成比例。然而,对于"比例"这一概念应在多大程度上得到理解,存在着很大的分歧和不确定性。在任何观点中,报应主义都致力于提出从轻到重的刑罚等级,并提出从轻到重的犯罪等级。争论的焦点在于报应主义要求的罪与罚之间的比例。

强势的观点——同态复仇,或"以眼还眼"的标准——认为,刑罚的严重性能够由刑罚给被判刑人带来的损害程度来衡量,犯罪的严重性能够由犯罪给被害人带来的损害程度来衡量。通过用一个共同的标准——损害程度——来衡量罪行的严重性和刑罚的严重性,人们可以用一种特别强势的方式来解释比例要求:人们可以说,刑罚应该与罪行相匹配,或等于罪行。

但稍加思考就能发现,"以眼还眼"的标准是站不住脚的。一个困难是,如果承认存在没有损害的犯罪,该标准显然无效:要么因为它们关乎道德(见3.4),要么因为,尽管它们涉及不愿为公共利益尽自己的一份力,但未能履行这种义务不产生任何损害。(不缴纳部分税款是否真的损害了某人,而不只是利用了对他人的不公平优势?)另一个困难是,有些犯罪产生同等程度的损害,但似乎包含的应受谴责程度有差异,我们通过设定不同的刑罚承认这种差异:故意杀人比过失杀人更应受谴责,但是这些罪行的受害者最终同样死亡,受到了同样的伤害。还有一个困难是关于企图犯罪:通常企图犯罪根本不会造成损害——子弹飞过,而目标受害者却没有注意到——但企图犯罪肯定需要一些刑罚。(下文将详细讨论企图犯罪。)在这个意义上,刑罚应该等于罪行的观点是无法理解的：行为应受谴责的程度和刑罚的严厉程度有两种不同的衡量标准，因此不能被认为是相等或不相等的；这只是一个范畴上的错误。

相比之下，非常弱势的观点认为，报应的比例性所要求的只是，较轻的罪行受到较轻的刑罚，较重的罪行受到较重的刑罚。假设有两栏分别标着"可能的罪行"和"可能的刑罚"，每一栏下都列出了从轻到重可能的罪行，以及从宽松到严厉可能的刑罚。现在假设一个人在每一种罪行和他提议的刑罚之间画一条线。在这种对比例要求较弱势的解读下，所需要的只是线条没有交叉或接触。如果罪行 C2 比罪行 C1 严重，那么为罪行 C2 设定的刑罚必须重于为罪行 C1 设定的刑罚（见图 4.1）。

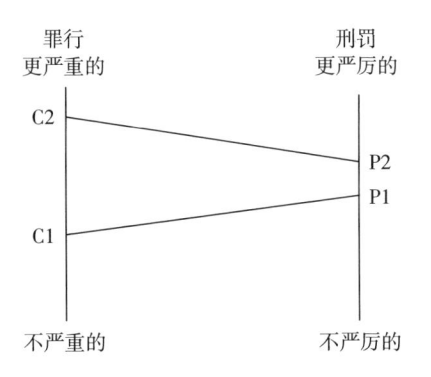

图 4.1

不过，这一版本的比例要求似乎太弱了。如果所有的刑罚都不比（比如说）1000 美元的罚款和 30 天监禁更严厉，那么只要为最严重的罪行设定 1000 美元的罚款和 30 天监禁，为相对较轻的罪行设定没那么严厉的刑罚，就能满足这一比例要求。也就是说，在一系列可能的刑罚中，实际设定的刑罚可能集中在一个相

第 4 章 刑法的性质和目的 *135*

对较小的空间内,并且允许对非常极端的罪行施加非常轻微的刑罚(见图4.2)。相应地,也可能会出现一个刑罚规模相对较高的集群,允许对相当轻微的罪行实施非常极端的刑罚。因此,根据弱势的比例要求,可以对最轻微的罪行判处10年有期徒刑,只要其他罪行都被判处10年以上有期徒刑。也就是说,在一系列可能的刑罚中,实际设定的刑罚可能集中在一个相对较小的空间内,并且允许对非常轻微的罪行施加非常严厉的刑罚(见图4.3)。

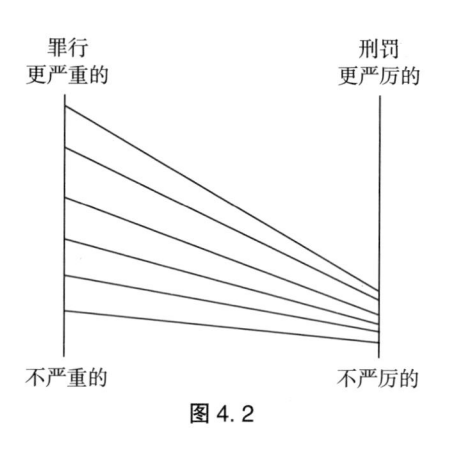

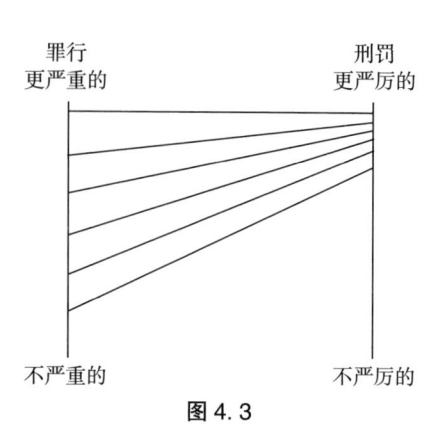

图4.2

图4.3

作为对报应主义比例原则的约束,这种弱势的解读是正确的，但它本身并不能满足比例原则所要求的一切。似乎不可避免地，报应主义者不得不说，在一定的精度范围内，我们可以以某种方式看到，特定程度的刑罚适合特定罪行。对犯罪行为性质的充分把握是作出恰当的判罚所必需的——一个人需要知道犯罪意图和犯罪行为的细节情况，以及是否有任何理由或减轻处罚的因素——设定程度合适的刑罚不是社会科学专业知识的运用，而是道德洞察力和判断力的运用。举个例子，将决定哪种刑罚适合某种罪行的任务，与决定当一个陌生人牺牲自己的利益对他人做出善行时，他人应该表现出什么样的感激反应的任务进行比较。我们作出这类的判断，部分原因是考虑了所做善行的性质和背后的意图；我们的判断也会受到我们能够负担得起什么样的回报的影响；但对于什么是做得太多，什么是做得太少，还有一种更基本的评估。如果一个人搭乘熟人的车——这位熟人为了送他还偏离了自己回家的路线——得以不用冒着夜雨步行回家，如果仅仅说一声："谢谢！"而后来开车经过看到这个熟人陷入困境（"我不欠她任何东西；毕竟，我说了谢谢"）却什么也没做，那就要不得（太少了），而给她买辆新车（"我其实很有钱，买得起，谢谢！"）放在她家门口就太过了（太多了）。如果报应主义者要提供一个关于为不同罪行设定什么刑罚的解释，他们必须基于这种洞察力来理解什么是合适的。（下文将详细介绍这种洞察力的可能性。）[128]

在简要讨论了报应主义对何时定罪以及应该设定什么程度的刑罚的解释之后，让我们转向刑罚的意义问题。在这里，报应主义的"顾后"特征是争议最多的。每个人都能明白为什么功利主义的理由是合理的：我们的实际生活在很大程度上是面向未来的；我们通常仔细考量我们可以采取的各种行动可能产生的利益

第 4 章　刑法的性质和目的　*137*

和负担。那么，我们为什么要关注过去呢？为什么我们不把过去发生的事情当作过去，并把我们的注意力（正如功利主义者所建议的那样）转向刑罚或不予刑罚的未来后果？

报应主义存在不同的回应。但报应主义辩护的特点是先采取"软化"策略。"软化"策略是要指出，"顾后"的行为在我们的实际生活中根本不是一个不寻常的特征。我们退还50美元，因为我们答应过这样做。我们送某人回家，因为他们上周送我们回家。我们参加葬礼，因为一位朋友辞世了。表面上这些行为都指向一些过去的事情：一个承诺，一桩善举，一位朋友的故去。人们可以试着为其提出前瞻性的基本原理：如果一个人违背了承诺，可能不会再被信任；或者如果一个人表现得忘恩负义，未来不会获得好的回报（或如果一个人的善行没有回报，他就会劝阻别人做好事）；或者参加一个葬礼是一种减轻痛苦和悲伤的方式，因为有他人一起。报应主义者认为，这些解释往往都是错误的（有时好的结果没有随之而来，并且可以预见不会随之而来，但这并不能消除我们必须如此行事的原因），甚至更大概率上是牵强的（即使结果随之而来，也很难解释为什么我们应该信守承诺，知恩图报，或参加追思会）。

说"顾后"的行为可能是合理的，不代表说惩罚犯罪这种"顾后"的行为就是合理的。刑罚之所以会受到挑战，不仅因为它是"顾后"的，还因为它涉及损害的施加。作为经典哲学报应主义的捍卫者，康德完全拒绝实践的功利主义辩护，他说：根据社会目的制定刑罚"会给在快乐主义的曲折中爬行的人带来不幸"，[15] 正如我们上面看到的，他的报应主义是引人注目的，因为它不愿意被其他社会利益的考虑所调和。他的观点是，刑罚的实施是一个严格的正义问题，是政治权利的基本要求，"这样每个人都对他做了他罪有应得的事。"[16]

报应主义者可能会把做坏事的人应该为他们的行为而受刑罚的原则看作一个基本的权利原则。这与功利主义的观点形成了鲜明对比，后者认为刑罚是一种关于促进良好结果的更基本原则的暗示。但这并不一定是坏事：有些原则必须是基本的，否则就会在原则的推导过程中出现恶性倒退。那么，问题是，我们如何向那些怀疑这一基本原则的人提供证据，证明这一原则的正确性。

有很多方法可以尝试做到这一点。一种是简单地诉诸我在上面讨论对功利主义的担忧时所使用的案例：在这些案例中，即使没有更好的结果，刑罚也是需要的，这个难道不清楚吗？这里的建议是，肯定报应主义原则能够解释和系统化我们对正当刑罚案例的具体的、深思熟虑的反思。迈克尔·摩尔（Michael Moore）提出了另一种支持报应主义原则的重要方式。想象一下你做了一件可怕的事。回顾过去，你如何看待自己呢？你不认为自己应该为自己的罪行负责，受到刑罚吗？如果你是这样看待自己的，为什么你不把你的有罪判断扩展到所有犯下此类罪行、处境相似的人身上呢？[17]

报应主义者回答刑罚意义问题的一种方式是说，以施加损害作为对道德错误行为的回应本身就是正义的基本要求，而不是源自其他更基本的道德原则。即使我们承认报应主义者的这一观点，他们也必须解释为什么他们如此关心采取行动来实现正义的基本要求。毕竟，如果报应主义者是对的，即使刑罚不会因此改善社会整体福利，刑罚也是有意义的。试图实施"刑事司法"真的是法律体系的职责吗？即使这样做不会改善生活在其中的公民的生活？[18]在我看来，这似乎是最后一章中关于法的目的的讨论占据中心地位的又一原因。如果法的目的仅限于促进其臣民的福利,那么即使报应主义者的基本原则是正确的,实现报应正义本身也不是法的适当目的的一部分。另一方面,如果政治共同体的公共利益可以包括我所说的"理想"(3.4)——除了促进人民福祉之外,还值得追求的目标——那么,实现报应正义的要求可能是一个值得法追求的理想,似乎就是合理的。

除了将报应作为正义的基本要求之外,还有其他方法来捍卫报应主义原则。另一种捍卫它的方法是,区分旨在促进利益的行为和旨在表达某种利益的价值的行为。为生病的朋友提供药物是为了促进利益:是为了给朋友带来健康而行动。在朋友去世后进行哀悼是为了表达利益的价值:是为了表达个人,乃至整个世界,在朋友去世后失去了什么。有人可能会说,感恩的行为是表达性的:它们的理由不是为了让别人愿意继续造福自己,也不是为了让别人愿意更普遍地造福他人;不如说,理由是象征性地标记礼物的价值以及一个人与送礼者之间的关系。

如果一个人承认存在一种表达利益的行为类别(并且这种行为不能被简化为促进利益的行为),那么他可能会参考该类别来为刑罚的报应主义解释辩护。当正当的法律义务确定下来,它规定了臣民必须做什么,才能在公共利益方面尽自己的一份力。但臣民们有时会藐视这些义务,因而在某种程度上无法实现公共利益。刑罚可以被认为是一种表达公共利益价值的方式,在某种程度上,将那些对公共利益不负责任的人置于公共利益之外。对于那些在公共利益方面藐视职责的人,剥夺他们在公共利益中的一些份额是恰当的——要么失去他们的一些财富,要么失去他们的部分自由,或者失去他们的公民身份,乃至失去他们的生命。[19] 注意,无论一个人接受赏罚的传统原则(the traditional principle of desert)还是表达观点作为报应主义的基础,其都是在主张刑罚是因公共利益而重要：要么是因为刑罚实现了正义，它是公共利益的一个方面；要么是因为刑罚通过剥夺罪犯享有的一些公共利益份额而表达了公共利益的价值。

在某种程度上，对报应观点的辩护是有争议的，而对促进社会公共利益观点的辩护则没有，因此很明显，从一开始，报应主义者就承担了功利主义者所没有的争论负担。因此，报应主义者最大的希望是，他们能至少以一种最低限度的合理方式来证明这一原则，然后证明报应主义可以比功利主义更好地解释我们对刑罚深思熟虑的判断。由于对功利主义的许多合理批评都是围绕功利主义认可与犯罪的直觉严重性不一致的刑罚而建立的，因此在这一点上，报应主义似乎取得了胜利。但必须指出的是，我们在罪刑相称的判断方面，有许多亟待解决的问题。

我们在上面考虑了报应主义的比例观念，以及如何理解它。但请注意，我们从一开始就预设了我们可以构建一个严重性从大到小的罪行尺度和严厉性从大到小的刑罚尺度。如果在处理功利主义计算时出现了不可通约性的问题，那么这里也存在同样的问题。首先，各种各样的刑罚——剥夺财富、自由和生命；施加痛苦或损害——必须同时进行评估，而这种评估的尺度尚不清楚。其次，罪行必须放在一个共同的尺度上，但我们面对大量不同的要素。在那些造成损害的罪行中，有些造成了身体上的损害，有些造成了情感上的损害，有些造成了所有权上的损害，还有一些造成了经济上的损害：在确定罪行的严重性时，这些类型的损害是如何权衡的呢？有些罪行会对他人造成损害，有些可能是未能履行义务，有些可能涉及不公平，有些可能是纯粹的不道德：在确定罪行的严重性时，这些不同的理由是如何权衡的呢？有些罪行并不是完全可以赦免的，但可以基于被胁迫或考虑不周等因素来减轻：在确定罪行的严重性时，应在多大程度上考虑这些因素？

需要指出的是，我们确实作出了这样的评估，尽管我们可能在理解各种因素如何进入这些判断方面存在理论问题。这是真的，而且这些判断可能是有充分根据的。但是，假装这里并非深不可测是没有用的。当各种因素相互影响时，我们不知道该如何对罪行的严重性进行排序；当刑罚的类型是如此不同时，我们就如何对其严厉性进行排序缺乏足够的洞察力；我们对如何将特定的刑罚与特定的犯罪行为结合起来同样不够了解。

报应主义者指责功利主义者依赖于对引入各种刑法方案的结果模糊和不确定的估计，而功利主义者则指责报应主义者依赖于神秘的直觉来确定对犯罪的刑罚。在我看来，他们两方都是对的。无论从哪一种观点来看，如何合理地确定犯罪的刑罚都是一个非常令人头痛的问题。

## 4.4　正当理由和谅解理由

假设你被指控犯罪，比如说非法入侵。假设刑法禁止一个人在未经允许的情况下故意进入他人的房产，并对违反这一规范的人处以罚款和/或监禁。在什么情况下你会被判有罪并受到刑罚？在什么情况下你会被判无罪而不被处以刑罚？

我们在本章前面（4.2）对犯罪行为（*actus reus*）和犯罪意图（*mens rea*）的讨论提供了两个明确的指导原则，通过这些指导原则，人们可以明确地表明自己不应被判有罪。如果你的身体从未出现在他人的房产上，或者你的身体出现在他人的房产上，但你得到了许可，那么就不存在犯罪行为（*actus reus*）。如果你的身体在未经允许的情况下出现在别人的房产上,但你是在睡觉的时候被抬来扔在那里,或者你梦游到了那里,或者疯狂的科学家强行在你的肌肉里安装电极,然后通过遥控把你送到那里,那么也没有犯罪行为:不是自愿的。

另一种证明你无罪的方法是证明你缺乏犯罪意图,而这是犯罪的必要要素。在非法入侵罪中,故意实施犯罪行为是成立犯罪所必要的——也就是说,一个人必须知道该房产属于他人。举个例子,假设你在一个漆黑多雾的夜晚沿着一条路走着,走到一个围栏跟前。它看起来像你房产外的围栏,所以你决定爬过围栏,走一条捷径回家。然而,事实证明,你爬上了邻居的围栏,进入了邻居的房产。你没有犯非法入侵罪:因为当你进入一个被人拥有并围起来的房产时,你没想进入他人的房产。你犯了一个简单的事实错误,因为非法入侵的犯罪意图要件要求一个人故意进入他人的房产,你可以真诚地声称自己无罪。

证明无罪最直接的方法是证明犯罪的构成特征之一不存在。但这并不是唯一的方法。有成文法界定了某一犯罪的犯罪意图和犯罪行为,且刑事被告人既具有明确的犯罪意图也实施了明确的犯罪行为,仍不足以表明其有罪。因为即使在这种情况下,人们也可以采用公认的所谓"积极抗辩"。其理念为,在某些案件中一个人的行为表面上满足有罪的条件,但实际上不值得、不应该处以刑罚。

有两种积极抗辩:正当理由辩护和谅解理由辩护,它们都呈现出哲学上的困惑。在这一法律语境中使用的"正当理由"和"谅解理由"实际上与我们对这些术语的一般用法相当接近。说一个人的行为是正当的,就是说他的行为是对的,或者至少不是错的。说一个人的行为是可以谅解的,就是说即使它是一个错误的行为，行为人也不应该被责备（或者至少应该减少责备）。回顾一下，谴责犯罪行为人是刑罚的本质。很清楚，为什么正当理由和谅解理由都使一个人不适合受到刑罚：就正当理由而言，主张的是这种行为不应受到谴责；就谅解理由而言，主张的是即使行为应该被谴责，行为人也不应该被谴责。

　　法律中所有正当理由的一般结构都诉诸必要性，或较轻的恶。[20] 这一观点认为，尽管某人违反了法律条文，但他这么做是正确的，因为在特定情况下，违反法律比遵守法律的恶性要小。举个例子，假设我和我女儿走在一条路上，她突然爬上邻居的围栏，在邻居的房产上玩耍。她很快就掉进了一口井里。如果我进入邻居的房产去救她，那就构成了刑法上的入侵。我是自愿进入邻居明显用围栏围起来的房产的，而且我显然是故意且情愿这么做的。所以，从表面上看，我似乎犯了非法入侵罪。但我可以用必要性来辩护：我可以主张，即使我入侵邻居的房产是一种恶，但在我寻求进入许可时让我的女儿淹死在井里对我来说是更大的恶。

　　另一种经常被引用的正当理由辩护是正当防卫，但正当防卫最好被理解为一种相对容易规范化（codifiable）的不可避免情形。对攻击者造成损害比在攻击者手中遭受损害的恶性要轻一些。这似乎很有道理，但值得注意的是，关于正当防卫的范围，有一些有趣的问题。如果可能的话，一个人必须从攻击者身边撤退吗？（即使是在自己的土地上？即使其认为坚持战斗可能会有更好的机会？）一个人在正当防卫时的反应受到什么样的限制？（一个人对攻击者的暴力必须与他预期的攻击者可能对他造成的损害程度成比例吗？）一个人是只能为了保护自己的身体而损害别人，还是也可以为了保护自己的财产？如果可以，是何种财产？（一个人可以向索要他的《法哲学》一书的抢劫犯开枪吗？一个人可以向正带着自己的《法哲学》一书逃跑的抢劫犯开枪吗？）

正当理由辩护的一般结构既非常合乎常理又非常令人费解。根据规则总是概括性的这一事实，正当理由辩护的一般结构是非常合乎常理的，立法者很难将他们认为合理的所有例外写进规则中，而且，即使他们能完成任务，产生的规则可能会十分繁琐以至于对日常生活的目的不会有很大帮助。最好有一个简单的非法入侵规则来指导人们的行为，承认出于必要，违反规则条款可能是正确的。然而，正当理由辩护的一般结构又是非常令人费解的，因为似乎每一个有良心的潜在违法者都认为自己能够使用正当理由辩护。如果我认为法律是错误的或者过于严格，我打心底觉得它不是最好的，那么我很可能会认为，对我来说违法比守法的恶性更小。当然，有许多罪犯根本不关心他们的行为是否以这种方式被正当化。但是，有良心的罪犯理所当然地相信自己可以合法辩护，这似乎有点奇怪。

在必要性辩护上有两个典型的限定条件，在一定程度上缩小了它的范围，并减少了对过度广泛使用必要性的担忧。一个限定条件有时是指需要避免的危险的迫切性——通过违法来避免的邪恶即将来临。我认为，最好把有效法律救济的缺乏——不管是通过寻求法律手段避免邪恶，还是通过要求立法者或能够合法阻止邪恶的其他人为规则提供一种例外——作为这样的行为的根据。另一个限定条件是，正如《模范刑法典》（Model Penal Code）所说，[21] "排除正当理由主张的立法目的并不明显。"[22] 这进一步限制了必要性辩护。其理念是，如果立法机构明确表示在某种情况下不允许必要性辩护，而在这种情况下希望援引必要性辩护，那么辩护必然失败。如果立法机构制定了一条"禁止使用大麻"的规则，而且很明显，一个人想做的事正是立法机构有意排除的一个明确例子，那么辩护必然失败。即使一个人的信念是，整体来说违反法律吸食大麻要比遵守法律规定更好，因为立法在禁止使用大麻时明确排除必要性辩护，所以不能使用必要性辩护。

我们应该如何理解这些限定条件，以及必要性辩护的一般意义？必要性辩护甚至在它被编入成文法之前就已经确立，所以我们不应该简单地说"这就是法律"，而没有更多的要说。相反，我们应该寻找一种解释，解释为什么我们会期望法律体系——一套为我们这样理性的人所使用的规则——包括这种形式的辩护。

有两种可能性。我们可以通过将必要性辩护视为不同寻常的法律解释实践来理解它。以上（2.4）我们注意到，当某个人制定了规则：他人应该怎么样，在所有可想象的情况下，规则并不必然解释为他人必须怎么样。当我告诉我的孩子，在过马路前她应该停下来观察，我没有想到她正被一群疯狗追赶的情况。我的原则适用于正常情况，而不一定适用于稀奇古怪的情况。在一个奇怪的——我制定的规则显然削弱了我制定规则的目的——情形中，我的孩子意识到这个规则不是要让她停下来被狗袭击，她成了我的意愿的更好的解释者，而不是愚蠢地坚持规则的字面解读。按照这种思路来理解，必要性辩护依赖于对法律规范的适当解释：主张必要性就是主张，经过适当的解释，法律实际上并没有禁止它表面上似乎禁止的行为。

还有一种可能性。对必要性辩护的承认可被看作将法律视为权威的一种必要关联。如果法律希望具有权威，那么它必须表现为提供遵守的决定性理由（0.2.2）。但关键在于，在紧急情况下严格遵守法律条文并没有决定性的理由作为依据，因为严格遵守法律会带来严重的灾难。为了使法律保持其一般的权威，必须意识到，在遵守法律可能带来严重灾难的情况下，必须允许对其一般规范有例外情况。否则，法律要求人们去做他们明显缺乏足够理由去做的事情，就是对其权威的嘲弄。

另一方面，当一个人为自己的行为提供谅解理由时，他并没有说自己的行为在某种程度上并不是真正的错误；而是承认它是错误的，但又声称自己不应受到责备。于是，某人承认在具备犯罪心理的情况下实施了犯罪行为，但又主张应该被谅解而不应真正受刑罚。

犯罪行为最著名的谅解理由是精神失常，但只有在极少数案例中，精神失常被成功援引，成为一个被纳入考量的理由。精神失常规则最早的表述是姆纳腾规则（M'Naghten rule）（1843年），[23]承认了一个人对犯罪行为的指控提出的辩护，说他由于"理性缺陷"或"精神疾病"而丧失行为能力，以致不了解行为的性质或行为的不法性。因此，如果由于精神疾病或缺陷，一个人相信他在切芹菜，但实际上他在肢解另一个人，姆纳腾规则允许无罪判决。或者，如果一个人相信自己正在肢解另一个人，但由于精神疾病或缺陷，认为这种行为是完全允许的，那么姆纳腾规则允许无罪判决。

稍加反思即可表明，姆纳腾规则的效果仅在于明确精神失常可以被用来作为一种方式，表明一个人缺乏必要的犯罪意图而无罪。姆纳腾规则诉诸精神疾病可能导致的认知缺陷，并指出，这些认知缺陷可以阻止主体在所有罪行中被认定有罪。认为一个人是一棵大芹菜而把他切成碎片的人，与认为一个人是一头鹿而不小心射死了他的人一样，都不会被认定为故意杀人；两个凶手都没有作为必需的犯罪意图。虽然典型的规则是假定人们知道约束他们的法律，但姆纳腾规则的另一个分支允许将法律可能不为精神病患者所知或不被理解这一事实作为辩护理由。重点是，在姆纳腾规则下，我们不应该说满足其条件的人犯了罪但有谅解理由；我们应该说这样的人根本没有犯罪。

姆纳腾规则关注的是由精神疾病或缺陷导致的认知缺陷。但是，精神疾病可以产生意志而非认知方面的缺陷，因此，精神疾病有可能成为犯罪的谅解理由。一个人可能意识到一种行为是犯罪，并在无法自控的情况下实施它。精神疾病会削弱一个人作出正确选择的能力。因此美国法律协会提出的、在美国司法管辖区广泛适用的精神失常规则，主要是为了应对姆纳腾规则的不足，认为"如果行为时因精神疾病或缺陷而缺乏理解行为的错误或**使其行为符合法律要求的实质能力**"则无需为行为负责。[24]

认为一个人没有使其行为符合法律要求的实质能力限制了该人应受谴责的程度（blameworthiness），因此应作为犯罪的谅解理由，这似乎是正确的。缺乏实质能力不能简单地说是没有能力控制自己的行为。我们还远未清楚，任何仍然让人有能力自愿行为的精神疾病——记住，自愿行为是犯罪行为的必要条件——是否使一个人完全丧失了控制自己行为的能力。缺乏实质能力必然是对需求转化为行动的控制极度缺乏或有缺陷。这似乎是某种精神疾病的结果，在这种情况下实施犯罪行为虽然不应受到责备，但可能是自愿的。

问题就在这里。缺乏使自己的行为符合法律的实质能力，似乎也是属于极恶者的一种情况。使他们"极恶"的是：他们缺乏使自己的行为符合正确标准的实质能力；他们习惯了造成损害和痛苦的行为方式，虽然我们可能承认他们有可能正确行事，但我们不会指望他们这样做，就像我们不会指望狼不吃羊羔一样。所以我们有一个困惑。精神病人不应受到刑罚，因为他们缺乏使自己的行为符合法律的实质能力。但是极恶者也缺乏使自己的行为符合法律的实质能力。但极恶者肯定是那些行为最应该受到刑罚的人。我们不希望在把精神病人排除在刑罚之外的同时,也把极恶者排除在外。(《模范刑法典》中,在提供精神失常理由的条款之后,还有一项条款指出,"'精神疾病或缺陷'这一术语不包括仅通过重复犯罪或其他反社会行为表现出来的异常"。[25] 似乎很清楚,这种限制的目的是要把病人和坏人区分开来。但问题是,这种区分的依据是什么。)

还有一些其他的谅解理由可以用来避免刑事罪责。不成熟是一个谅解理由(不能指望四岁的孩子控制自己的行为以符合法律要求)。胁迫——一个人有理由违反法律,虽然不是正当的行动,但普通人无法抵抗——也可以作为谅解理由。在精神失常、不成熟和胁迫的例子中,值得注意的是,可以说,所有这些谅解理由的相似性内在于行为人——这是一个关于行为人的事实,使行为人不那么值得受到刑罚,无论是完全地还是部分地。行为人年龄太小,无法控制自己的行为;行为人病情严重,无法控制自己的行为;行为人压力太大,无法控制自己的行为。

这些谅解理由的内在来源在报应主义和功利主义刑罚概念上都有一定意义。毕竟,在报应主义中,刑罚的全部意义是对责备价值作出回应;而且很清楚这些内在因素是如何消除或减少责备价值的。从功利主义的观点来看,刑法的主要目的是阻止不法行为;但这些缺陷剥夺了这些人规范自己行为的能力,从而无法阻止他们。我们可以通过询问,外在于行为人的事物——特别是行为人是否实现其犯罪目的——是否可以作为行为人的谅解理由,来结束我们对谅解理由和刑法的讨论。

刑法制度的一个共同特征是对企图犯罪的处罚不如对成功犯

第 4 章 刑法的性质和目的 *149*

罪的处罚严厉。在刑法体系的构建中,企图犯罪但没有完成——无论是完全的还是部分的——不能作为谅解理由。但结果完全一样。将企图犯罪视为不值得刑罚,就是将实现犯罪目的的失败视为减轻责备价值。但我们很难理解,为什么这样的失败会减轻责备价值。

设想以下场景。有一名非常不受欢迎的政客在一个公共广场发表演讲,有六个杀手(各自独立地)聚集在这个地区想要杀死她。每个人都计划在中午 12 点整完成任务。其中一个杀手,巴拉克\*女士,是一名出色的枪手,但当她开火时,突然刮起一阵强风,子弹只偏离了目标几英寸。另一个杀手巴代蒙先生的枪法很糟糕;他拿起来复枪开火,却差了 20 码。另一个杀手,巴德贡女士,举起步枪,扣动扳机,但是枪卡住了,它的点火装置没有得到适当的清洁;在这样肮脏的环境下,扣动扳机时难免会卡住。巴德贡女士试图清理点火装置,但没有成功。另一个杀手,弗格佛先生,拿起一支没上膛的步枪,因为他忘了上膛。弗格佛先生瞄准目标,扣动扳机;听到令人失望的"咔嗒"声后,他开始给武器上膛,但没有及时完成。另一个杀手,克洛丽丝女士,准备好了一支没装子弹的步枪,因为她不知道步枪需要子弹;她认为步枪的工作原理有点像科幻电影中的射线枪。(毕竟,她从未见过子弹从枪膛里射出;她只听到一声巨响,然后看到对目标的影响。)于是她瞄准了目标,准备杀死那名政客,然后扣动了扳机。听到令人失望的"咔嗒"声后,她再次调整并扣动了扳机;什么也不会发生。另一名杀手思特雷茨先生认为,他能够通

---

\* 作者按照刺杀失败的原因给前六个杀手取名为 Badluck(霉运)、Badaim(准星差)、Badgun(枪坏)、Forgetful(健忘)、Clueless(愚蠢)和 Thoughtrays(思想射线),根据结果给第七个杀手取名为 Efficient(生效),遵照翻译习惯,这里仍然选择音译。——译者注

过凝视受害者并将致命的思想引向他或她,从而产生致命的思想射线。(有一次,他去医院看望一位病得很重的姑妈。这位姑妈对他很粗鲁,而他也有过这样的想法。第二天,姑妈去世了。所以,他想,他有证据证明他可以做到这一点。)到了正午时分,他直视着这名政客,向她发出一连串致命的念头,确信这足以结束她的生命。

截至12:02,上述六个所谓的杀手都试图杀死这名政客,但都以失败告终。12:03,第七个杀手依菲肖特女士向这名政客开枪并将其杀死。

两个问题:第一,所有失败的六名杀手都应该受到与行动成功的依菲肖特女士同等的刑罚吗?第二,如果区分失败和成功,所有失败的杀手都应该受到同等的刑罚吗?

《模范刑法典》对这两个问题都给出否定答案。在它看来,犯死罪或一级重罪的未遂会被视为二级重罪——未遂会自动减轻犯罪的严重性。对企图犯罪的看法:

> 如果特定行为被指控构成企图犯罪……从本质上来说,不太可能出现或最终导致犯罪,所以这类行为或行为人不构成需要对罪行进行分级的公共危险……法院应行使其权力……判决低等或轻度刑罚,在极端情况下,可以驳回起诉。[26]

如果未能成功,谋杀企图的等级自动从一级降至二级,如果该企图本身极度缺乏危险性,法官有权进一步降低其等级,甚至驳回指控。因此,虽然依菲肖特女士犯了一级谋杀罪,但其他六人的罪行可能不超过二级重罪;在这六个人当中,如果哪一个人

第 4 章 刑法的性质和目的 **151**

的行为看起来特别缺乏危险性——我想到的就是思特雷茨的行为——那么，该法典允许酌情减轻或（更有可能的是）取消对他的指控。

法律通常将不成功的企图视为不值得刑罚，《模范刑法典》也没有背离这种普遍的处理方式。但是，这种区别对待却并不具有明显的合理性。依菲肖特女士与其他潜在杀手的区别在于，她成功了，而他们失败了。但无论是从报应主义还是功利主义的角度来看，这似乎都无关紧要。对于报应主义者，要紧的问题是，行为人成功的企图是否比失败的企图更应该受到道德上的谴责；这个问题的答案似乎是否定的。所有七个潜在的杀手都制订了一个计划，结果杀死了这名政客。每个人，根据他或她所怀有的信仰，选择了一种可能有效结束政客生命的方式，而选择这种方式仅仅是因为它会结束政客的生命。在道德上，没有人比依菲肖特女士的行为应该少受谴责。对于功利主义者，要紧的问题是，对成功的企图比失败的企图更严厉地对待是否具有威慑作用；这个问题的答案似乎是否定的。虽然人们可能希望能够将威慑力量集中在预防成功的犯罪上（谁在乎失败的犯罪？），但显而易见的一点是，从潜在罪犯的角度来看，罪犯决心使行为成功，其永远不会面临这样的选择："大家看，我正要杀人……我应该成功还是失败呢？"

法律通常将愚蠢或完全无效的企图视为比可能更有效的企图更不值得刑罚，《模范刑法典》同样没有背离这种普遍的处理方式。但是，这种区别对待也不具有明显的合理性。从报应主义的观点来看，这些杀手的责备价值看起来没什么不同。虽然思特雷茨先生在致命思想射线的效力上犯了一个非常严重的错误，克洛丽丝女士对没有上膛的步枪的杀伤力深感困惑；但每一个人都像巴拉克女士和巴代蒙先生一样，下定决心要杀人，并且同样执行了他们杀人计划的步骤。从功利主义的观点来看，阻止危险的企图犯罪似乎比阻止无危险的企图犯罪更重要。虽然人们可能希望能够将威慑力量集中在预防危险的企图犯罪上（谁在乎无危险的企图犯罪？），但显而易见的一点是，从潜在罪犯的角度来看，罪犯决心实施一个危险的行为，其永远不会面临这样的选择："大家看，我正要杀人……我应该使用危险的还是无危险的手段呢？"

事实上，企图犯罪行为必然存在危险性这一观念本身就充满了基于如何描述企图犯罪的困惑。如果一种行为的危险性是由与这种行为相关的风险水平决定的，那么我们必须面对这样一个事实，即企图犯罪可以被描述为不同的水平，而每一种企图犯罪都可能有不同的风险水平。那么，举例来说，我们该如何描述思特雷茨先生的行为："使用思想射线杀死他人"或者"企图杀死他人"？毫无疑问，他同时在做这两件事；但尽管前一项行为风险不大，后一项行为却可能风险很大。（企图杀死他人的行为带来危害的程度相当高；企图使用思想射线杀死他人的行为带来危害的程度非常低。）再举个例子，我们该如何描述巴德贡女士的行为："使用点火装置堵塞的步枪杀人"或"使用步枪杀人"或"企图杀人"？第一种造成危害的可能性极低；第二种造成危害的可能性非常高；第三种的可能性介于两者之间。使用哪个级别的描述很重要，但我们缺乏确定使用哪个级别描述的标准。

## 延伸阅读

Joel Feinberg, "The Expressive Function of Punishment", in Joel Feinberg, *Doing and Deserving*, Princeton, NJ: Princeton University

[143] Press, 1970, pp. 95 – 118. 该文是对如何分析刑罚概念的重要解释。该文亦出现在一部不错的关于刑罚的哲学的、法学的和社会学的文集中: R. A. Duff and David Garland (eds.), *A Reader on Punishment*, Oxford: Oxford University Press, 1994.

关于刑罚的功利主义解释的一种辩护,参见 Richard Brandt, "The Utilitarian Theory of Criminal Justice", in Richard Brandt, *Ethical Theory*, Englewood Cliffs, NJ: Prentice – Hall, 1959, pp. 489 – 496; 相关的经济学合理性,参见 Richard Posner, *Economic Analysis of Law*, 6th edn, New York: Aspen, 2003 (1973 年首次出版), Chapter 7.

关于报应主义解释的扩展辩护,参见 Michael S. Moore, *Placing Blame*, Oxford: Clarendon Press, 1997.

有些刑罚解释不那么符合报应主义或功利主义的框架: 例如,参见 Warren Quinn, "The Right to Threaten and the Right to Punish", *Philosophy & Public Affairs* 14 (1985), pp. 327–373. 该文认为刑罚权基于一个在先的权利,即以邪恶威胁那些打算侵犯他人权利的人。

要探索刑法的核心思想,参见 George Fletcher, *Rethinking Criminal Law*, Boston, MA: Little, Brown, 1978; George Fletcher, *Basic Concepts of Criminal Law*, New York: Oxford University Press, 1998.

欲对各种形式的犯罪意图提供更系统的解释,请参见 Larry Alexander, "Insufficient Concern: A Unified Conception of Criminal Culpability", *California Law Review* 88 (2000), pp. 931–964; 关于该文作者对必要性辩护所遇困难的解释,参见 Larry Alexander, "Lesser Evils: A Closer Look at the Paradigmatic Justification", *Law and Philosophy* 24 (2005), pp. 611-643.

R. A. Duff, *Criminal Attempts*, Oxford: Clarendon Press, 1996. 其中提供了一个处理企图犯罪问题的方法。

刑法哲学状况的进一步概述，可以参见 Larry Alexander, "The Philosophy of Criminal Law", in Jules Coleman and Scott Shapiro (eds.), *Oxford Handbook of Jurisprudence and Philosophy of Law*, Oxford: Oxford University Press, 2002, pp. 815-867; Douglas Husak, "Criminal Law Theory", in Martin P. Golding and William A. Edmundson (eds.), *The Blackwell Guide to Philosophy of Law and Legal Theory*, Malden, MA: Blackwell, 2005, pp. 107-121.

## 注　释

1. 有一些——我的意思是极少数——不包括犯罪意图要素的犯罪。例如，有些司法管辖区对向未成年人出售酒类犯罪的定义是，即使已采取合理步骤确保购买者已成年，但向未成年人出售酒类仍属犯罪。然而，即使这些犯罪无需犯罪意图要素，也需要有犯罪行为要素：必须证明行为人故意出售了酒类，虽然无需证明行为人是在明知购买者未成年（或疏忽查明购买者是否成年）的情况下销售的。显然，这些严格责任犯罪属于异常情况，应当被理解为异常犯罪。

2. See H. L. A. Hart, *Punishment and Responsibility*, Oxford: Oxford University Press, 1968, pp. 4-5.

3. 363 U. S. 603 (1960).

4. Joel Feinberg, "The Expressive Function of Punishment", in *Doing and Deserving*, Princeton, NJ: Princeton University Press, 1970, pp. 95-118. 范伯格本人否定了法院在弗莱明诉内斯特一案中的论点；他认为法律的惩罚意图很明显。

5. Jeremy Bentham, *Introduction to the Principles of Morals and Legislation*, Buffalo, NY: Prometheus Books, 1988 (1781 年首次出版).

6. Bentham, *Introduction*, Chapter XIII, p. 170.

7. Ibid.

8. Ibid, p. 171.

9. See John Rawls, "Two Concepts of Rules", *Philosophical Review* 64 (1955), pp. 3-32.

10. 501 U. S. 957 (1991).

11. 关于这种威慑效果新近观点的批判性讨论,参见 Richard Berk, "New Claims about Execution and General Deterrence: Déjà Vu All Over Again?", *Journal of Empirical Legal Studies* 2 (2005), pp. 303-330.

12. 参见一篇非常有趣和有说服力的文章: Robert Bartels, "Capital Punishment: The Unexamined Issue of Special Deterrence", *Iowa Law Review* 68 (1983), pp. 601-607.

13. Andrew von Hirsch, Anthony Bottoms, Elizabeth Burney, and P. O. Wikström, *Criminal Deterrence and Sentence Severity*, Oxford: Hart Publishing, 1999. 冯·赫希和他的合著者们认为,目前的研究表明,某一犯罪将受到刑罚的确定性增加会产生威慑,但还远未清楚更严厉的刑罚会产生什么样的威慑效应。读到这篇文章时,我们不可能不感到震惊:如果我们想作为严格的功利主义者来处理刑罚问题,我们所需要做的事情是多么少啊。

14. Immanuel Kant, *The Metaphysics of Morals*, trans. Mary Gregor, Cambridge, UK: Cambridge University Press, 1996 (1797 年首次出版), pp. 104-109.

15. Ibid. , p. 105.

16. Ibid. , p. 106.

17. Michael S. Moore, *Placing Blame*, Oxford: Clarendon Press, 1997, pp. 144-149.

18. See, for example, Russ Shafer-Landau, "The Failure of Retributivism", *Philosophical Studies* 82 (1996), pp. 289-316, particularly pp. 294-298.

19. See Mark C. Murphy, *Natural Law in Jurisprudence and Politics*, New York: Cambridge University Press, 2006, pp. 152-162.

20. 相关有益的讨论,请参见 Larry A. Alexander, "Lesser Evils: A Closer Look

at the Paradigmatic Justification", *Law and Philosophy* 24（2005），pp. 611-643.

21. 《模范刑法典》是美国法律协会建议的对刑法的重新拟订。它于1962年完成。它本身不具有法律约束力，但在州立法机构起草法规和法院对法律规则的重述中具有影响力。

22. Model Penal Code，§3.02.

23. 之所以如此称呼，是因为它起源于一桩英国案件，该案涉及一个叫丹尼尔·姆纳腾的人，他杀害了首相的私人秘书（误以为他是在杀害首相罗伯特·皮尔），因为姆纳腾的精神疾病让他相信皮尔在密谋陷害他。因此，上议院有机会就"患有精神错乱妄想症的人"对其行为负有刑事责任的情况作出裁决。

24. Model Penal Code，§4.01，黑体为作者补充。

25. Ibid.，§4.01.

26. Ibid.，§5.05.

# 第5章
# 侵权法的性质和目的

## 5.1 侵权行为与犯罪

前一章讨论犯罪，即对权威法律规范的违反，刑罚是一种法定对策（authorized response）。这一章是讨论侵权行为。实施侵权行为也违反了法律规范，但对侵权行为的法定对策（通常）是支付损害赔偿金；[1] 侵权行为的受害人被授权向违反该规范的人（侵权行为人）寻求赔偿，以弥补其所遭受的损害。

侵权可以分为三种类型：故意侵权、过失侵权和严格责任侵权。侵权行为理论界一直围绕着过失侵权，我将以过失侵权作为讨论的范式，并在本章的最后回到故意侵权和严格责任侵权。

## 5.2 侵权行为与损害赔偿

侵权行为之于损害赔偿就像犯罪行为之于刑罚一样：对权威法律规范的违反，除非有授权的刑罚，否则不能算作犯罪；对权威法律规范的违反，除非有授权的损害赔偿，否则不能算作侵权行为。

侵权行为——过失侵权行为——的构成要素有四个，而且这些构成要素必须以非常具体的方式相互关联。[2]侵权总是当事人之间的关系：A 对 B 实施了侵权行为。（虽然是否存在无被害人的犯罪有争议，但无被害人的犯罪概念本身并不难懂；而无受害人的侵权行为在术语上是矛盾的。）侵权行为的第一个要素，即义务要素，是 A 对 B 负有注意义务：也就是说，A 负有对 B 的利益表现出应有注意的某种法律义务。侵权行为的第二个要素，即违法要素，是 A 没有履行这一义务：A 在某种程度上没有对 B 的利益表现出应有的注意。第三个要素，即损失，是 B 必须遭受了损失，B 的利益受到了损害（setback）。第四个要素，即因果关系，是（在相关意义上）A 未履行其对 B 应有的注意义务造成了 B 的损失。

所有这些要素都必须存在，才构成过失侵权。如果 A 没有义务关心 B 的利益，那么即使 A 没有注意到 B 的利益对 B 造成了损害，A 也没有侵权行为，因此 B 不能获得损害赔偿。如果 A 有义务关心 B 的利益，且尽到了义务，那么即使 A 的行为导致 B 受到损害，A 也没有侵权行为，因此 B 不能获得损害赔偿。如果 A 有义务关心 B 的利益但没有尽到义务，且 B 最终遭受了损失，除非 B 的损失是由 A 未尽到义务造成，否则 A 也没有侵权行为。（如果 A 不顾 B 的安全，开车以每小时 100 英里的速度在 B 家门前的人行道上来回行驶，B 纯粹偶然踩到香蕉皮滑倒在人行道上，头盖骨碎裂，则 A 没有对 B 实施侵权行为；即使 A 疏忽了 B，但 A 的过失没有造成 B 的损失。）如果 B 没有损失，就不存在侵权行为：不存在没有损害的侵权行为。

损害赔偿是法院可以要求侵权行为人因其侵权行为向受害人支付的款项。损害赔偿通常是一笔钱。因此，如果你有义务采取合理的注意以免对我造成损害，但你仍然在我所在的人行道上开

第 5 章 侵权法的性质和目的　*159*

得太快，撞断了我的腿，我可以就你的疏忽对我的损害提起诉讼；法院认定你违反了对我的应有注意义务，导致了我的损害，将要求你付给我一笔损害赔偿。

接下来我们将讨论侵权法哲学，就像我们讨论刑法哲学一样。我们可以首先考虑侵权法的意义：为什么要求因过失损害他人的人支付损害赔偿？也许不出所料，这些答案能够以一种类似于划分刑罚问题经典答案的方式来划分：有些是前瞻性的，强调通过侵权制度更好地促进公共利益；有些是后顾性的，认为公共利益在某种程度上内在包含了对不公正的适当回应。然后我们将转向对过失侵权行为的各种要素的讨论——义务、违法、因果关系和损失——以及根据我们关于侵权法意义的观点解释这些要素。我们将以故意侵权和严格责任侵权作为结束，考虑这两种侵权行为与过失侵权的区别及其特征的合理解释。

## 5.3 过失侵权的经济解释和正义解释

过失侵权的基本制度是，法院可以要求因过失损害他人的人对该过失造成的损失进行赔偿。就像刑法的情况一样，询问这一制度的整体意义或正当理由最直接的方法是把它放一边去，并问一问如果没有这一制度，提供的公共利益会糟糕到什么程度。为什么要有这样一个适当的制度呢？

这个问题的核心答案，就像刑罚问题的核心答案一样，分为前瞻性和后顾性两个阵营。一种观点认为，侵权制度以及特定侵权制度内更具体规则的建立，其意义在于最大限度促进整体福祉。另一种观点认为，侵权制度以及特定侵权制度内更具体规则的建立，其意义在于这些规则表达了对侵权行为人的行为和受害人的相应损失的回应所需要的正义和公平。

从前瞻性的观点开始。这是思考侵权法正当性的一种方式。过失侵权所涉及的不是故意损害，而是非故意但可以预防的损害——事故。事故是人类福祉受损、丧失的情形之一。或者财产被毁、承受经济损失，或者人身受损害、名誉被玷污，经历痛苦和折磨——这一切都是因为某人没有注意防止损害的发生。因此，从公共利益的观点来看，意外就是损害。从表面上看，任何具有减少事故损失优点的规则体系都是有益的，除非有相反的理由，否则应予以采纳。

但有一种听起来有道理的观点认为，在缺乏类似过失制度的情况下，将会有更多的事故，而这将对公共利益造成损失。例如，一家工厂的老板完全知道，除非工人们注意不把工厂的污染物排入河中，否则下游村庄的居民很可能会出现健康问题。然而，用其他方法处理污染物可能代价高昂。于是，只要工厂老板在很大程度上考虑自身的经济利益，工人们就有理由把污染物倾倒进河里，而不是用更昂贵但更安全的方式处理它们。他们有理由将工厂生产的成本外部化，将这些成本强加给他人。这可能对公共利益造成严重的损害。因为，这些污染物对他人造成的损害，可能会远远超过工厂老板向河流中倾倒污染物所带来的利益。考虑到利己主义作为一种动机的主导地位以及将个人活动成本外部化的能力，我们可以看到侵权责任争论的源头。如果工厂老板必须为所有因倾倒污染物而健康受损的人支付赔偿，那么他就有动力采取额外措施来安全处理这些污染物。因此，侵权法可以视为一种机制，以激励那些动机不足的当事人预防损害公共利益的事故。

虽然成本的内部化为侵权法提供了一些正当理由的观念可能

是合理的，但上述推理受到了罗纳德·科斯（Ronald Coase）的极大挑战，他认为，至少在某些理想条件下（特别是缺乏交易成本——我们将在下面讨论），选择让工厂老板或下游居民承担成本不存在效率的损失。[3]假如我们要求工厂老板对其行为所造成的损失负责。现在，如果不污染的成本低于支付给下游居民的成本，那么工厂老板就会避免污染，使用其他方式处理废物；但是，如果为下游居民的健康损失支付的成本低于寻求替代方法消除污染，工厂老板只会继续污染，并补偿下游居民所遇到的健康问题。而假如我们只是让下游居民承担成本，如果他们的健康成本大于防止损失的成本，下游居民将付钱给工厂老板，让他以其他方式处理污染——实际上，他们将与工厂老板达成一项不污染的协议。如果他们的健康成本低于通过不污染防止损失的成本，那么下游居民就会接受损失。在任何一种情况下，都会产生对公共利益最有利的结果。

更具体地说：假设污染是免费的，而某处理方法需要花费100万美元；如果发生污染，下游500名居民每人将面临1万美元的医疗费用。如果工厂老板对污染代价负责，他就会停止污染，并投资于废物处理的替代方法。反之，如果下游居民必须承担这些成本，他们将支付工厂使用替代废物处理技术的费用。假设污染是免费的，而某处理方法需要花费100万美元；如果发生污染，下游500名居民每人将面临1000美元的医疗费用。如果工厂老板对污染代价负责，他就会继续污染，并赔偿下游居民的健康损失。如果下游居民必须承担这些成本，那么他们就会吞下这些代价，向工厂老板支付使用替代废物处理技术的费用对他们来说是不值得的。

这个故事的有趣之处在于：在这些理想化的条件下，如果预防事故是值得的，事故就会被预防。看起来可能脱胎于侵权制度的前瞻性观点，这一观点基于这样的观念：通过将过失行为的责任成本强加于别人的方式来确保事故发生的程度降到最低。如果我们的世界是一个实现了理想条件的世界，确实会是这样的：该观点认为正是这些理想条件保证了有效的事故预防。可那不是我们的世界，因为这些理想的条件还没有实现。但这并不意味着科斯从效率的角度提出的责任规则无关紧要的观点不再符合人们的利益。相反，我们可以用科斯的观点来指导侵权规则体系的发展，使其结果与理想条件下的结果相似。[4]

是什么让我们的现实状况不如理想，从而使我们确信责任规则的选择将与有效预防事故的程度相关？其中一个关键是交易成本的存在。不是说下游的居民必然是一个集体，可以简单地给工厂开一张支票，以便其使用污染防治技术。聚在一起，达成协议，分摊款项，等等，都涉及成本。工厂老板和居民之间的协议并非本身就是一个明显的不花钱的过程：工厂老板想要获得尽可能高的对价来使用技术，而居民想要支付尽可能低的对价。工厂老板接受的费用不会低于使用技术所花费的成本；居民支付的费用不会超过他们必须支付的医疗费用。在这两者之间，有讨价还价的空间，而讨价还价的过程可能代价高昂。另一个关键在于信息方面：工厂老板可能知道如何控制污染，以及要付出多少代价，而居民却不知道。未达成这些理想条件很可能造成，从效率的角度来看，最初必须由谁来处理事故成本确实会产生不同影响。对于居民来说，可能不值得承担聚在一起想办法以及与工厂老板讨价还价的成本。因此，即使整体污染成本高于使用废物处理技术的成本，工厂老板也可能继续污染。只有在当事人知情、理性、没有交易成本负担的情况下，才能保证有效的事故预防

第5章 侵权法的性质和目的　　163

结果。

考虑到日常生活与理想的偏离,前瞻性的观点认为,侵权责任应该以最有效于事故预防的方式施加——也就是说,它以强加事故责任成本的方式,让那些能更好地有效防止这些事故的人有动力去这样做。[5] 如果下游居民充分团结起来,在污染控制方面与工厂老板达成协议,似乎是不现实的,那么追究工厂老板的事故责任就是有意义的。我们可能认为,工厂老板更有能力评估事故发生或预防的相关成本,并决定是采取措施预防事故还是在事故发生后对受害人进行赔偿。

这种看待侵权法正当性的方式是法与经济学运动的特征,其目的在于从经济学的角度理解侵权法的发展,并为侵权法的改革提供建议。正如奥利弗·温德尔·霍姆斯(Oliver Wendell Holmes)在1897年所写的那样,"对于法律的理性研究,现在的人可能是不幸的,未来属于统计学家和经济学大师。"[6] 这与功利主义对刑罚的解释具有明显的相似性:刑罚规则的目的与侵权规则的目的一样,都是为促进整体社会福祉的行为提供一定的激励;在侵权法中,法律经济学的描述是,衡量利益的标准是财富,可以理解为支付意愿——人们假定财富可以作为衡量社会价值的标准,因此是值得最大化的东西。[7]

侵权法经济解释的主要替代方案诉诸正义观念。侵权法的意义是纠正因一方当事人的侵权行为而存在的不公正。我们不应该从社会的角度来看侵权的后果——事故和事故预防的总成本,以及如何施加这些成本以最好地服务于整体社会福祉,而是应该寻求侵权行为人和受害人之间相互作用的本质。[8]

我们从这个基本理念出发:我们每个人都有道德权利,不让自己的利益因他人的粗心大意而受损。(这一理念需要在后面进行进一步的引申或限定，但主要观点已经足够清楚。）这是我对你和其他任何可能影响我利益的人的权利；这是你对我和其他任何可能影响你利益的人的权利。与这种道德权利相对应的是，每一个人都有义务不因自己的粗心大意而损害他人的利益。

如果事实是我的疏忽导致你受到损害，那么说我没有尽到义务，使你受了委屈，就是很合情合理的。假设我这样损害了你：我粗心地开着车穿过你所在的街区，当你过马路时（你在拐角处过马路，朝两边看了看），我飞快地从拐角处冲过来撞到你。你伤得很重，你的利益受到了损害。

在这一点上，我可以提出一个观点。"看，你确实受伤了，"看着你断掉的骨头，我承认。"的确，你受的伤是我的粗心造成的。的确发生了不公正的事情。但这并不是我必须为此付钱的理由。你为什么不买一份防范这类事故的保险呢？你为什么不要求政府通过法律救济事故受害人，至少当事故作为不公正的结果的时候？"

这似乎是我作出的一个非常愚蠢的回应。但作为一个哲学问题，我们有理由问，为什么我作出这样的回应显得非常愚蠢。侵权法的基本制度是人格化的——它要求一个人（侵权人）向另一个人（受害人）支付赔偿。它不会将事故成本推给保险公司，或推给一般的政府补偿计划。这些实际上是侵权法的替代品，并且在某些地方已经作为至少部分侵权法的替代品而被采用。所以我们的问题是：为什么从 A 对 B 有不因 B 的粗心大意而受到损害的预期权利这一事实可以推论出，当 A 实际上因 B 的粗心大意而受到损害时，A 有获得 B 赔偿的追溯权利？为什么从 B 对 A 有义务不因 B 的粗心大意而损害 A 这一事实可以推论出，当 B 因其粗心大意而损害 A 时，B 有义务对 A 进行赔偿？

正如斯蒂芬·佩里（Stephen Perry）指出的，这些问题的答案不能是这样的：因为 A 遭受了不正当的损失，或者因为 B 的行为是不正当的。[9] 如果原因仅仅是 A 遭受了不正当的损失，这并不能解释为什么我们应该选择侵权法的方案，而不是那些遭受不正当损失的人从政府管理的赔偿基金中得到补偿的方案。如果原因仅仅是 B 的行为是不正当的，这并不能解释为什么我们要求 B 赔偿，而不是受到刑罚或批评。我们需要一个解释，说明 A 不因 B 的粗心大意而遭受损失的权利与 B 不因自己的粗心大意给 A 造成损失的义务之间的联系如何产生事后赔偿的权利。

实际上，佩里的解释是，我们这里没有两个不同的理由——不损害的理由和赔偿的理由——这里需要一些巧妙的哲学论证把它们联系起来。相反，不损害的理由和赔偿的理由是同一个理由，只是从两个不同的角度看——"瞻前"和"顾后"。我有理由小心，这样以后我就不会因粗心而损害你。如果我没有因粗心而损害你——要么我足够小心，要么我的粗心幸运地没有损害到你——我就满足了这个理由。但如果我损害了你，这个理由是不被满足的。满足它的唯一方法实际上是"消除"损害——使你不会因我的粗心行为而境况恶化。相应地，你也有权利不因我的粗心而境况恶化。如果我不这样损害你，你就有权拥有某物。如果我这样损害了你，你就没有你本来有权拥有的东西。唯一能让你得到你有权得到的东西的方法就是消除损害，让你不会因被我损害而境况恶化。消除损害是侵权行为中赔偿的理想目的。

对侵权法的正义解释有着更长的历史——它反映了大多数法官的观点，正是他们让这种观点在法庭中蓬勃发展。但在过去半个世纪中，经济解释出现了爆炸性增长。然而，这两种观点都面临着相当可预见的困难。侵权法的经济解释，作为过去和现在实践的描述以及未来的改革建议，在用可接受的成本防止事故方面肯定有利于公共利益，指明了在过失情形中决定谁应该为损害承担责任所需要的信息途径。像在第4章中所讨论的功利主义刑罚理论一样，事故预防的意义和整体效率无需太多解释就能明白，它表面上是如下观点一个有吸引力的特征：它使得这些案件的结果不取决于饱受争议的道德或政治观点，而是社会科学的成果。同样，如同功利主义刑罚观，它最大的优点导致最大的缺点：虽然无人能够否认事故预防和整体效率是一个有价值的目的，但人们可以怀疑它们是否是侵权法应当追求的唯一目的，或怀疑侵权法是否是实现这些目的最好的工具；虽然诉诸一套简单的经验事实成果来解决问题要好于诉诸从来就有争议的道德和政治观点，但尚不清楚能够指导侵权法中的变革\*的法官和立法者是否能用不那么简陋而现成的方式获得必要的信息，结果就是，尚不清楚经济分析是否能给我们一个比它试图取代的道德推理更为清晰的决策过程。相比之下，正义解释似乎更符合我们对损害和赔偿要求的最初直觉；但它受制于我们在试图思考政治道德问题时所熟悉的各种困难。我们在接下来全面思考过失侵权的各种要素时，将会看到正义解释处处产生严峻的道德问题。人们会倾向于用经济理论来替代正义解释引发的道德问题，这并不奇怪。

## 5.4 过失侵权的要素

如上所述，过失侵权行为有四个相互关联的要素：义务、违法、因果关系和损失。每一个都提出了问题，为了确定在多大程度上一方对另一方的损失负责，这些问题都必须解决。尽管这些

---

\* 这里指从正义观点到经济推理的转变。——译者注

问题中有些可以也已经通过立法来解决，在大多数情况下由法官解决，而他们的推理经常与哲学论证差不多。

### 5.4.1 义务

为了使一个人对由于自己的粗心行为而给另一个人造成的损失承担责任，必须是一个人有义务对另一个人表现出应有的注意。认为一个人没有义务对另一个人表现出应有的注意，这似乎有些自相矛盾：承认我对你没有表现出应有的注意，但否认我违反了任何义务，这不是很奇怪吗？换句话说，"应有的注意"不就是指（至少部分地）"一个人对另一个人的注意是一种义务"吗？如果是这样，义务和违法的要素就会消解为一个。但我们无须这样认为。我们可以说，义务的概念是一个严格的法律概念：我们是在问一个人有什么法律义务对另一个人表现出道德上必要的注意。虽然一个人有关心他人的道德义务，但缺乏这样做的法律义务，这样认为并不荒谬。因此，人们可能会认为，法律上的注意义务比道德上的注意义务更狭窄。

在侵权法中，最有趣的案例正是那些法律注意义务和道德注意义务似乎脱节的案例。我们可能会问，它们是否应该脱节，如果应该，脱节到何种程度。但近年来这一区别在一定程度上得到了界定，成为侵权法领域的公认学说，即一个人并不对他人负积极的注意义务，而仅负消极的注意义务。侵权法区分不作为（未做出对他人表现出注意的行为）和不当作为（做出的行为未对他人表现出足够的注意），侵权法规定的义务涉及的不是不作为而是不当作为。如果我们都在一个派对上，我看到你的汉堡上有蜜蜂，我不会因为没有警告你你的汉堡有危险而对你承担损害赔偿责任。如果我们都在一个派对上，我带了我的宠物蜜蜂，它们逃跑并蜇了你，我便要为疏于控制我的蜜蜂而对你承担损害赔偿责任。[10] 如果你在我的私人游艇上参加派对，而我带你去了一个水很浅的地方，没有警告你有危险，那么你跳入水中，摔断了脖子，瘫痪了，我不承担赔偿责任。如果我邀请你上我的船，但转弯太急，你掉进浅水里，摔断了脖子，瘫痪了，那么我要承担赔偿责任。在每一对案件的前一个例子中，因为我只是没有以一种显示出对你健康的应有注意的方式采取行动，我没有违反对你的法律义务；在每一对案件的后一个例子中，因为我向你做出的行为没有表现出应有的注意，我违反了对你的法律义务。

为什么在这些案例中我不对你承担积极的注意义务？对我来说，这样做的代价很小：只需花很少的力气就能赶走蜜蜂或迅速发出警告。然而，对于吃"蜜蜂汉堡"的人和跳进浅水的人来说，后果是灾难性的。对于这些案例中缺乏积极的法律注意义务的一种解释/理由是，在这些案例中不存在积极的道德注意义务：在道德上，我可以随意忽略汉堡上的蜜蜂和水很浅，以及其对我的同伴构成的威胁。有人可能会以一种利己主义的观点来捍卫以下观点：人们通常不承担对他人的道德义务。但这并不是最好的理由。最好的理由是，在这些情况下，坚持积极的道德义务的困难在于，鉴于自己的小牺牲会为他人带来大利益的情况的数量，这种义务会迅速增加。如果在这种情况下，道德义务的理由是一个小小的自我牺牲会为他人带来更大的利益，那么一个人会发现自己为饥饿的人掏空钱包，把自己所有的空闲时间都奉献给有价值的事业，不懈地追求更大的整体利益。[11]

这种对他人的积极道德义务的担忧表面上是有说服力的，但可以通过区分两种情况成功地回应这种担忧，一个人在这两种情况下都可能会发现自己的小小牺牲可以防止另一个人遭受更大的损失。告诉参加派对的同伴汉堡上有蜜蜂，和把所有的钱都给无家可归者是有重要区别的。当对某人造成的危险不能公平地分配给所有有理由预防危险的人时，称为紧急情况；其他情况都是非紧急情况。无家可归者的需求并非紧急情况：[12] 他们的困境使得有可能就如何满足他们的需要采取集体行动，这种集体行动的责任可以公正地分配给那些被要求做出贡献的人。在即将有人要咬一口"蜜蜂汉堡"或跳进浅水区的情形下，是不允许集体行动和责任分配的。如果要避免危险，现在就必须避免，无论谁现在有能力进行干预。

区分的关键在于，不管怎么说，都不能认为在非紧急情况下有积极的注意义务——也许仅有在合作努力应对危险时尽自己一份力的义务，或为了减轻危险作出等量个人牺牲的义务。很少有人反对在紧急情况下具有积极的注意义务。因此，很难证明没有说"小心汉堡上的蜜蜂"这句话在道德上是合理的。

或许作为替代，拒绝普遍的积极注意义务的理由，可以在道德义务和法律义务之间的差距中找到：即便允许在紧急情况下存在积极的道德注意义务，也可能有理由避免将这种道德义务纳入法律。可能很难具体规定什么算作紧急情况，也可能有些人在生活中比其他人接触到的紧急情况要多得多，因此强加给他们法律义务是不公平的。即使他们实际上在道德上有义务在紧急情况下提供援助，我们也可能认为，将赔偿的法律责任强加于他们身上，将超出我们大多数人所期望的人类同胞的尽职义务。但问题远未解决：实际上，法院或立法机构是否应该进一步主张积极的注意义务，是一个现实问题。[13]

虽然侵权法通常拒绝表示应有注意的完全积极义务，但它承认一个人对另一个人的某些积极义务，即一方与另一方处于"特殊关系"的那类案件。在某些情况下,具有相应义务的特殊关系是由合同产生的。举个例子,如果你与我签订合同成为我的保镖,你有积极注意的法律义务,而不仅仅是避免损害我。但显然这些义务来自合同法而非侵权法。侵权法承认没有签订合同的情况下的一些积极义务,但在这种情况下,当事人之间似乎存在某种角色关系,从而确立了法律义务。一起冒险的人——想想一起攀登危险山峰的冒险家——可以被认为彼此之间存在着一种特殊关系,因此存在着积极注意义务。一些法院认为,仅仅是"社会事业中的伙伴"的朋友也对彼此负有积极的注意义务。[14]一旦"特殊关系"成为积极义务的来源,就有其他方法可以扩展它:人们可以声称,双方之间的特殊关系可以产生与第三方有关的责任。例如,精神病医生与病人有特殊的关系,因此对病人负有积极的注意义务;但在加利福尼亚州一个有影响力的案件中,[15]法院认为,这种特殊关系使精神病医生有义务保护在其专业意见看来受到病人威胁的第三方。

显然,我们在这些案例中看到了在拒绝普遍的积极注意义务和扩展存在积极注意义务的特殊关系的观念之间出现了反复。普遍的积极注意义务被拒绝,因为担心它似乎太苛刻;但是,这种普遍拒绝的结果似乎是不公平的和低效的,因此,某些领域被开辟出来,让积极义务有一席之地(如医生—病人,客栈老板—顾客,业主—受邀者)。不过,一旦这些领域被开辟出来,这些特殊关系的定义和限制就变得不清楚了。侵权法所涉及的特殊关系不是契约关系。它们可以根据社会角色来定义;可以根据社会期望来定义;可以根据个人的期望来定义;可以直接根据道德或政治观点来定义。在这些情形中,一个人如何判断义务问题将取决于一个人将什么视为相关的特殊关系,而根据什么标准将关系划分为特殊或相关尚不清楚。

对他人有一种普遍的消极注意义务，但没有普遍的积极注意义务；积极义务只存在于有特殊关系的情形。因此，这里的模式是，虽然我们每个人都对其他人负有这种普遍的消极注意义务，但由于我们的特殊关系，在这些义务之外还有额外的义务。有趣的是，在侵权法中有一些传统，即某些特殊关系实际上使一个人对过失造成的损害承担更少的责任，也就是说，相比一个人以完全相同的方式对陌生人造成损害，他的责任更少。例如，侵权法过去一般不承认夫妻一方对另一方的诉讼，其理念是，丈夫和妻子之间的关系是如此特别、如此紧密，一方起诉另一方就像一个人起诉自己一样荒谬。在美国，还有一项父母豁免原则，即父母不会因故意或过失损害而被子女起诉。虽然这些豁免已经撤销——在婚姻中完全如此，父母的故意损害和有些司法管辖区的过失损害也是如此。但值得深思的是，为什么特殊关系可以减轻侵权法中的义务的观念显然不是一个疯狂的想法。如果我们接受并非所有的道德义务都严格地复制在法律义务中，并且有充分的理由不把每一种应予赔偿的损害作为侵权法的事项，我们可能会问，是否有充分的理由保留某些关系不受侵权法的规制。（这并不意味着它们将完全不受法律规制，它们可能受到刑法规制。）

### 5.4.2 违法

假设一个人对另一个人确实负有注意义务，那么，在什么情况下，注意义务被违反了？必须遵循什么标准，才能使人免于过失，从而免除因个人行为而发生的任何事故的责任？

答案很简单：真正要解决的问题是适当注意的问题，适当注意是一个理性的人在当时情况下会表现出的注意。有一些人试图让这个注意标准更精确、更具体——我们很快讲到最著名的一个，但大多数时候涉嫌侵权的行为人是否违反适当注意义务的问题，是一个由陪审团来判断的事实问题。这与起初是否存在注意义务的问题形成了对比。是否有注意义务是法律问题，它是由法官而不是由陪审团判断的。某人是否违反了应有注意义务是一个事实问题，需要由陪审团来判断。

这时我们可以肯定地说什么构成了对应有或合理注意义务的违反。首先，它是一个客观的标准。说某人表现出或未表现出应有的注意，是根据一个理性人在当时的情境下会作出的决定来确定的。这里的情境包括一个人行为的背景，更重要的是一个人的身体状况。于是在一个特定情况下的适当注意是由行为的"外部"场所（道路状况如何？交通有多拥堵？速度有多快？周围是否有行人？）和行为人的身体（与精神对应）状况（行为人强壮吗？健康吗？生病了吗？有视觉障碍吗？等等）共同决定的。为了确定一个现实的人是否违反了注意义务，需要问的问题是：一个理性人在那种身体状况和外部环境下是否会那样做？如果一个理性人不会那样做，他就违反了应有的注意。

与确定实际行为人的合理性无关的是行为人的精神状况，这些精神状况可能会削弱他的良好行为能力。一个行为人是愚蠢的，或极度无知，或容易出现判断失误，或是冲动的，这与确定他的行为是否合理无关。更确切地说，判断标准是：行为人做得和一个理性人——没有精神缺陷的人——是否一样好？为什么人们需要确认这一差异是很清楚的。人们可以明智地使用理性人标准来得知身体缺陷如何改变行为人的选择。对于一个盲人，我们可以问："他的行为是否像一个理性的盲人会做的那样？"相比之下，对于一个冲动的人，我们不能问："他的行为是否像一个理性的冲动的人会做的那样?"因为事实上一个冲动的人不是一个理性的人。

奥利弗·温德尔·霍姆斯对侵权标准的客观性描述如下:

> [侵权]法的标准是一般适用的标准。法律不考虑各种各样的性情、才智和教育,这些使一种特定行为的内在特性显得因人而异。它不试图以上帝看待人类的方式来看待人类……[对侵权法的这一特征]更令人满意的解释是,人们生活在社会中,某种平常的行为——在一定程度上牺牲个人特性——对公共福利是必要的。举例来说,如果一个人天生就是草率和笨拙的,总是发生事故,损害自己或邻居,毫无疑问他的先天性缺陷将在天堂的法庭上被承认,但他给邻居们带来的麻烦与疏忽大意造成的一样多。他的邻居因此要求他按照他们的标准承担相应的风险,他们建立的法庭也拒绝考虑他的个人情况。[16]

霍姆斯认为,在决定是否对损害承担赔偿责任时,使人难以遵守共同注意标准的个人怪癖没有被考虑在内,这是为了整体福祉。但是,这需要的不仅是从促进整体福祉的角度来理解——即使霍姆斯的观点在这方面是成功的。阿瑟·利普斯坦(Arthur Ripstein)认为,即使是那些不太可能遵守客观侵权标准的人,也应遵守客观侵权标准所设定的条款,这并没有什么不公平——矫正正义要求人们遵守平等和公正的规范;冲动的人难以控制他们的冲动行为,这一事实同样表明,他们不应该因冲动而损害我。利普斯坦指出,实际上,当人们最大限度地尽到了注意义务时,归责的倾向在合同法上是一致的。如果你我约定,支付我 100 美元买一辆自行车，我交付了自行车，但是你却发现自己无法支付，虽然这不是你的错，你也不能留下自行车；你必须付 100 美元或者把自行车退回。我有权利不因你不遵守协议而境况恶化，所以你必须要么归还自行车要么付钱。我有权利不因你的不合理行为而境况恶化，所以你要么克制自己，尽到合理注意义务，要么你必须为我的境况恶化而赔偿我。[17]

接下来是关于合理注意标准的第二点。行为的模式是理性人的模式，然而，这个假设的理性人是理想和现实的有趣结合。理性人在以下意义上是理想的：理性人总是对那些注意义务的相对人给予充分的注意。可以肯定的是，在任何社会中，没有人会像假设的理性人那样，真正给予高度关注：" 他不能被认为是一个偶尔会做一些不合理事情的普通个体；他是一个谨慎细心的人，他总是符合标准。"[18]然而，理性人一直遵循的标准是一个共同体标准，是在共同体内被接受为正确的实际行为标准。其理念是，在共同体所接受的合理行为观念中，理性人严谨和忠实地遵守这些合理的要求。

我们可以通过什么来确定一个共同体的合理行为标准呢？立法者可以自行规定法律义务，并以损害赔偿作为支持，但侵权法的发展在很大程度上是由法院的发展决定的，合理的观念是在法院中逐案确定的。我们可以看看刑事法规或监管法规；我们可以考虑将立法者制定的关于人们如何对待彼此的规则视为对合理行为最低标准的说明。我们可以看看共同体内的流行风俗。但法院已经不再愿意简单地说，未能遵守要求对他人做出某种特定行为的法规本身就被视为违反应有注意义务，或未能遵循一个普遍惯例就构成违反应有注意义务。陪审团通常被告知，应将违反法规条款或不遵守现行惯例的行为作为发现违反应有注意义务的证据,甚至作为违反应有注意义务的假定,但在这一问题上不能起决定性作用。

伟大的法官雷纳德·汉德(Learned Hand)在1947年"美国诉卡罗尔拖船公司"(United States v. Carroll Towing)一案中作出的裁决,是对违反义务的概念作出明确定义的一次严肃尝试。[19]在这起案件中,卡罗尔拖船公司的员工正在调整固定一艘康纳斯海运有限公司(Conners Marine Co. Inc.)的驳船所用的绳索。他们做得很差,驳船脱离了绳索,造成了严重的损坏。卡罗尔拖船公司辩称,其在系绳的方式上存在疏忽,但康纳斯公司也存在疏忽,没有派人在船上处理这类事件。该案因涉及共同过失的法律规则而变得复杂,我们在此不涉及这些规则,但该案的意义在于,汉德法官试图阐明一个更明确的准则,以确定未尽应有注意义务可否视为过失。以下是汉德法官对具体案情的评论:

> (驳船)船东预防损害[驳船脱离系泊所造成的]的责任是三个变量的函数:①驳船脱离的概率;②造成损害的严重程度;③充分预防措施的责任。如果用代数的形式来表述这个观念,可能会使这个观念更清晰:把概率称为 P,损害称为 L,责任称为 B;责任取决于 B 是否小于 L 乘以 P,即是否 B<P×L。

理查德·波斯纳(Richard Posner)认为,我们不应该把这看作汉德法官企图用司法干预来取代旧的合理注意标准;相反,汉德法官的构想是"试图明确法院长期适用的标准"。[20]

汉德法官的理念是,合理注意的标准是一个效率标准。"汉德法则"告诉我们,如果预防事故的预期成本低于事故的预期成本，而一个人没有做预防事故所必须做的，那就是过失。[21]预防事故的预期成本是汉德法官说的 B：将一名工人留在驳船上的成本，污染控制设备的成本，驾驶速度更慢的成本。如果不采取预防措施，大多数事故也不一定会发生；如果不采取预防措施，我们只能估计事故发生的可能性；这一可能性是汉德法官说的 P。事故的成本或多或少可以提前估算：这是汉德法官说的 L。如果我们把原告的损失和被告的损失看作对他们自己是同样重要的——也就是说，原告损失一美元和被告损失一美元的价值相等，那么我们应该说，以预期损失最小的方式行动是合理的。因此，如果采取预防措施的预期成本低于我们预期的事故成本（事故发生的概率乘以发生事故的成本），不采取这些预防措施就是不合理的。

显然，适用汉德法则有一些重要的前提条件。例如，它假定预防事故的成本与事故本身的成本可比拟：安装安全设备的成本可以用疾病或损害的成本衡量。（我们在后面深思损失理念时，将更详细地讨论一个类似的问题。）它假定，作为一个实际问题，我们可以清楚地了解损失的概率以及预防和损失的成本。它假定在评估行为的合理性时，归于行为人的损失和归于受害人的损失应被同等对待——也就是说，在决定什么是应有注意时，我应该同等对待我可能给你带来的损失和可能给自己造成的损失。所有这些都是有趣而有争议的假设。

汉德法则明显属于侵权法的法律经济学解释，正如波斯纳指出的，如果要设定一个过失规则：一个人有义务支付损害赔偿，即使预防事故的成本高于事故本身的预期成本，那么一个自私自利的行为人应该会愿意承担事故风险而仅仅支付赔偿。[22]但我们应该记住，关于汉德法则，没有任何理由要求它只能在法律经济学解释中适用。或许有人会说，汉德法则提供了对合理注意——这

第 5 章 侵权法的性质和目的　177

种注意是对他人的一种义务——的有益解释；它的假设，即行为人在事故预防中损失的美元并不比受害人在事故中损失的美元多或少，可能被解释为一个确实公正的例子，这种公正是所有真正的道德原则必须体现的。

### 5.4.3 因果关系

在侵权行为中，一个人要承担损害赔偿责任，仅仅是他违反了注意义务和他人受到损害是不够的。一个人违反了注意义务且他使别人受到损害，这甚至还不够。必须是违反注意义务导致损害的发生。例如，我在晚上关着灯开车，撞伤了你。我必须对你的受伤负责吗？不一定，因为必须确定是否因为我没尽到注意义务——我当时关灯开车——造成了你受伤。很有可能，我的灯没亮和我撞伤了你一点关系都没有。你可能从两辆停着的车中间走出来，甚至没有观察是否有车来；不管我的灯是开着还是关着，我都会撞到你。在这种情况下，你无法从我这里得到赔偿，因为我的过失并不是造成你受伤的原因。

一个人的过失行为要符合因果关系要素，必须满足两个惯常区分开来的条件。[23]第一，过失行为必须是"必要"原因，或者是事实原因。这里的要求是，如果没有过失，事故不会发生。在我上一段描述的案例中，"必要"测试没有通过：即使我打开灯，事故也会发生。关于因果关系要素的这一特征，产生了一些哲学问题，但这些问题并不是法律所特有的，它们只是哲学家们对因果关系本身的一般担忧。例如，考虑这样一个案例：两个人各自粗心大意地停车；两辆车从山上滚下来，撞到了第三个人，导致他死亡。但任何一辆车都足以撞死第三个人。这是否意味着不是任何一个人的过失导致了损害？因为即使第一个人没有过失，第三个人也会死亡；即使第二个人没有过失，第三个人也会死亡。但是，说这两个人都没有造成事故是荒谬的：如果不是因为过失（第一个人和第二个人是一方，他们的过失影响到第三方），第三方就不会死亡。这是一个一般的哲学问题，关于多因素决定的事件，其原因的适当描述，表明在某些情况下，"必要"测试是不充分的，需要补充一些额外的解释。

第二，过失行为必须是造成损害的直接原因。事实上，将这个额外因素加诸原因之上的理由很简单：一旦"必要"关系得到满足，就没有什么可以阻止这种原因无穷递推。因为少了一颗钉子，马蹄铁坏了；因为缺了一块马蹄铁，那匹马不能骑了；因为缺少一匹马，骑士无法上战场；因为缺少骑士，战争失败了；因为输掉了一场战役，整个王国灭亡了。如果钉子的缺失是因为一个钉马掌匠的过失，那么我们是否可以说这位钉马掌匠欠下了相当于整个王国的损害赔偿呢？侵权法确实有把人们因过失而负的责任限定在某个范围的目的。

目前主要有两种直接原因理论，一种是关于过失行为与造成的损害之间的自然关系，另一种是关于损害在多大程度上是过失行为可预见的后果。前一种观点的一个例子是 H. L. A. 哈特和 A. M. 欧诺瑞（A. M. Honoré）提出的。[24]他们所提出的直接原因图景，首先是把自然过程设定为人类活动的背景，而自然是受因果律支配的。进入由因果律支配的自然事件是一种人为干预：在哈特和欧诺瑞看来，从这种干预和自然法则的结合中发生的任何事情都是由这种干预引起的。有两种事件为行为人干预的结果设定了自然限制：一种是其他人为干预，另一种是反常事件，即发生在正常自然过程之外的事件。因此，哈特和欧诺瑞主张，如果有人把点燃的香烟扔进灌木丛，灌木丛着了火，森林因而被烧毁了，这个人就是森林烧毁的原因。但是，如果在火即将熄灭的时候，另一个人把汽油倒在火上，这种干预就会打破链条，制造这样一个事实：扔香烟的人不是随后燃烧的原因。同样，如果香烟快要熄灭时，一股可燃的薄雾从地面冒出来，这完全超出了正常的自然规律，不能认为森林被烧毁的原因是这个人。总之，哈特和欧诺瑞的观点是，行为作为直接原因是指该行为在自然的正常过程中能产生那些后果。

要问哈特和欧诺瑞的重要问题是，这种因果关系的观点如何以一种可理解的方式回答限制责任的必要性。为什么我们要采纳其他人为干预措施能消除责任？为什么我们要采纳自然的反常事件能免除责任呢？一个直截了当的回答暗示了另一个关于直接原因的一般概念，即可预见性。如果一个人能够预见到自己过失行为的不幸后果将会被另一个人的行为所延续，那么他就不能因此免除责任；如果过失造成的损害影响因反常事件而持续或加强，那么过失造成的损害责任应该受到限制的原因仅仅是因为人们无法预见这种事件。（如果一个人是地质学专家，他知道可燃气体将会反常地喷涌而出，难道不应该认为是因他不小心丢弃香烟而引起森林火灾吗？）

这些想法激发了另一种直接原因的可预见解释，根据这种解释，如果一个人能够预见过失行为的结果，他就被视为过失行为结果的直接原因。可预见性测试具有明显的吸引力。但它也面临着明显的困难。第一个困难是对可预见性给予相当清晰的理解。如果我们让测试很宽松——理性人会承认这种特定的损害是这种过失行为的可能结果吗？很明显，可预见性测试根本不是筛选测试。在使用此测试的每一种情况下，都发生了事故，而过失行为是"必要"原因。如果我们问："理性人会预见到这个事故是过失行为的可能结果吗?"当然,答案总是"是的";对几乎每个人来说,看到纯粹的可能性是很容易的,而且肯定在理性人的知识范围之内。但,"理性人是否认为,如果实施过失行为,这个结果更有可能发生?"这个问题的答案肯定是"不",过失行为造成损害的概率通常小于50%。(绝大多数的酒后驾车不会导致事故;那么我们是不是可以说,酒后驾车造成的事故不是可预见的结果,因此酒后驾车也不是车祸的直接原因?[25])

第二个困难,乍一说,表面上好像是诡辩,其实是很严重的问题。人类生活最明显的特征之一,是我们可以预见我们的行动有不可预见的结果。如果我们是理性的,我们就会认识到,我们采取的任何行动都可能给某些人带来代价高昂的结果。当一个人决定从事某一职业,最终会产生许多不可预见的结果,这个人有责任处理这些结果:我们通常不认为自己有社会义务为人们的职业选择对其产生的不可预见的结果提供全额赔偿。我们认为,确定一个责任范围是完全可以接受的,在这个责任范围内,人们必须为自己的选择承担代价,即使在尽量作了合理预见的情况下遭受相当大的损失。(谨慎的投资决策也可能会变得非常非常糟糕。)考虑到这一点,我们可能会再次发问,为什么要求人们对他们的过失实际造成的损害(即使这些损害无法预见)负责是不可接受的。我们为什么不能像伊丽莎白·安斯库姆(Elizabeth Anscombe)那样认为,如果一个人履行了自己对他人的义务,他就不必对随后的坏结果负责,但如果一个人没有履行自己的义务,他就得对坏结果负责,不管它是否可预见?[26]当然,有人可能仍然希望对过失造成的损害责任加以限制,但又拒绝接受可预见性标准的观点。人们可以简单地宣称,作为公共政策问题,侵权法必须限制它迫使侵权行为人对过失造成的损失支付损害赔偿的范围,而不提出任何类似于直接原因的理论。[27]

值得注意的是,侵权行为中因果关系的观念本身一直受到质疑,甚至在判例法自身也是如此。在一个案例中,[28]两个猎人疏忽大意地开了猎枪,其中一支(只有一支)猎枪的子弹击中了第三个猎人,而无法确定子弹来自谁的猎枪。法院认定这两个粗心大意的猎人都有责任,即使无法证明是哪个猎人造成了损害,实际上产生了一种确定无疑的结果,即没有造成损害的人也要为损害负责。有人可能会说:既然两个猎人都有过失,这又有什么关系呢?但请注意,仅仅是过失并不足以使人对损害赔偿承担责任。今天,你可能会有六次过失,但除非你的过失损害了某人,否则你肯定会怨恨被要求为某人的损害支付赔偿。在另一个案例中,药品制造商向孕妇销售几乎无法区分的药品,这对她们的孩子造成了损害;虽然受害人可以确定自己受到了母亲服用的药物的损害,而且这些药物是其中一家制药商生产的,但没有一个受害人能确定到底是哪家制药商造成其损害。[29]法院裁定,所有的制药商都应按其市场份额对损害负责(例如,持有15%市场份额的公司必须支付15%的损害赔偿,以此类推)。因果关系再次被推到一边。值得一问的是,是否有一种方法可以将这些案例视为因果关系要素的自然延伸,或者这些案例是不是楔子的细端:如果认真对待,可能会完全颠覆因果关系要素。[30]

### 5.4.4 损失

没有损失就没有侵权。要向他人要求损害赔偿,一个人必须被他人的侵权行为损害。侵权法和侵权法理论的核心问题是包括什么类型的损失。

从侵权诉讼的目的来说,对某人身体或财产的损害被视为损失,这是无可争议的。如果你不小心开车撞到我,撞断了我的腿,我遭受了一个可以康复的伤害;同样的道理,也适用于由于你的过失驾驶损坏了我的房子。人身完整和财产安全的利益是显而易见的,对两者的损害都很容易观察,在侵权诉讼中也很容易证明。(我们将在下文中看到,为了确定损害而对其进行测量是一件比较困难的事情。)不太明显的是,就侵权法的目的而言,对一个人生活的其他不良影响在何种程度上也应算作损失。

哪些其他的不良影响算作损失更有争议?第一类,是伴随身体损害的痛苦和折磨。当一个人在车祸中受伤,不仅有医疗支出的费用和损失的工资;还有受伤的持续疼痛和漫长恢复时间带来的折磨。第二类,他人过失对一个人生活造成的深层不良影响可能是情感上的悲伤:事故的结果(一个人被车撞,可能导致心理创伤),甚至是险些发生的事故(经历一场幸免于难的事故或意识到万幸可能导致心理创伤),甚或所爱的人发生事故(看到所爱的人在事故中受伤或丧生可能导致心理创伤)。第三类,是一种社交损失。过失会使一个人失去另一个有亲密关系的人的陪伴("配偶权"),从而损害一个人的健康(想象一下过失行为导致配偶或孩子死亡)。

就侵权法的目的而言,对把这些算作损失的担忧在一定程度上是对证明的担忧:与一个人的腿部骨折相比,一个人正在遭受情感创伤并不是那么明显。因此可以说,为了避免在侵权制度中出现大规模欺诈,我们必须(或许这很令人遗憾)限制对这些损失的追偿。我们似乎预先区分了财产和人身损失与这些其他类型的损失,这种观点基于以下事实:我们倾向于投保财产损失和人身损害,但不倾向于投保情感悲伤、痛苦和折磨,以及配偶权损失。[31]与这些基本原理相反的是侵权法的一般原则,即"由于在这

170

第 5 章 侵权法的性质和目的 *183*

种情况下缺乏谨慎或适当的注意,推定应追索对合法利益的明确损害"。[32]事实上,随着侵权法的发展,所有这些损失都在一定范围内被认定为侵权索赔的正当依据。

## 5.5 损害赔偿

侵权法所采用的确定侵权人必须向受害人提供损害赔偿的一般原则,可以用一个简单的比喻来概括:侵权人必须使受害人完整。从侵权法的有限视角来看,侵权行为发生前,受害人是完整的;侵权行为发生后,受害人是不完整的;损害赔偿应使受害人恢复完整。这个理念是让受害人过得和事故发生前一样好。

如果一个人因为另一个人的过失而失去的东西类似于医疗费,那真的没有什么困难。受害人的银行账户有 X 元;受害人支付了 Y 元的医疗费,用于治疗因侵权人的过失而遭受的损害,因此银行账户变成了 X-Y 元;侵权人被责令向受害人支付 Y 元,将受害人的银行账户恢复到 X 元。受害人财产受到损害,必须修复或更换的,赔偿的方式应当是恢复原状或更换财产;如果受害人因为受伤不能工作而失去三周的工资,则需要赔偿这些工资。不难理解,在上述案例中,受害人恢复了完整:赔偿后,受害人的境况(在某些方面)并不比之前差。

困难在于那些不容易转化为经济关系的损失:生命或身体完整的丧失、情感悲伤、痛苦和折磨、失去配偶权等。这个问题可以说是进退两难。例如用金钱来赔偿痛苦和折磨似乎很怪异;不用金钱来赔偿痛苦和折磨似乎也很怪异。这两种选择似乎都会导致奇怪的结果。

用金钱来赔偿痛苦和折磨之所以怪异,是因为痛苦和折磨是不能用金钱来衡量的。损害赔偿的理想是，侵权人所支付的损害赔偿应等于受害人所遭受的损失。但当两个事物被认为彼此相等时，就必须有某种共同衡量标准来评价它们。目前还不清楚是否存在这样的标准，可以衡量金钱与痛苦和折磨。我们可以通过强弱程度来评估痛苦和折磨，但我们没有一个衡量情感创伤的单位，更不用说像美元、英镑或欧元这样的单位了。

不用金钱来赔偿痛苦和折磨之所以怪异，是因为金钱似乎是最可行的赔偿物；如果根本没有赔偿，就会非常令人反感。受伤最显著的影响可能是它所造成的痛苦和折磨，而不是它所产生的任何经济影响（医疗费、工资损失等）；我们如何证明以下制度的正当性：既要求侵权人赔偿其造成的损害，又不要求侵权人赔偿其造成的一些重大损失？

在造成的损失和应支付的损害赔偿之间缺乏明确衡量标准的情况下，提出一种更主观的方法似乎是合理的——我们可以称之为侵权损害赔偿的无差异测试。这里的想法是，确定应予赔偿的方式是：由侵权人向受害人支付足够的款项，使受害人事故发生后的状况加上损害赔偿与事故发生前的状况没有差异。如果受害人不在乎事故前的生活与事故后的痛苦生活加上银行账户里额外的 X 美元（且更好的是，无论我拿这 X 美元做什么）之间的差异，那么 X 美元可以算作让受害人恢复的足额损害赔偿。

让这个无差异测试更形象的一种方法是使用一个假设的报价测试：想象你从某人那里得到了一个提议，作为你遭受损失的交换；你能接受的最小数目必须满足无差异测试。但在我看来，这种报价测试是一个糟糕的测试。首先，参加测试的人要么是受过相关损害的人，要么是没有受过此类损害的人。一方面，要么因为缺乏经历，要么不形象，那些没有受过此类损害的人可能无法充分描述受伤后的感受，因对他们所同意内容缺乏令人满意的信息，从而倾向于形成偏好。更重要的是，一个人同意承受的痛苦和他不同意承受的痛苦之间有一个相关的区别；假定的测试必然涉及前者，而侵权案件中的情形必然涉及后者。另一方面，那些受伤的人，当被问及怎样做才能使他们觉得没有差异时，有充分的理由形成偏好，从而提高受伤的代价。（毕竟这不是真实的市场情况，他们没有理由压低要价。）在任何一种情况下，假设的测试都有漏洞：人们通常对他们假设的钱大手大脚地花，并且不大相信他们实际会遭受假设的损害。

其次，假设的测试必然会受到这样一个事实的影响：对于某些类型的损失，即使考虑这个问题都是令人反感或有悖道德的，更不用说回答这个问题了。如果有人问我，作为失去妻子陪伴的代价，我愿意接受多少钱，我会觉得这个问题令人讨厌。如果我被迫回答这个问题，我希望没有人会认为我的答案是我对配偶权价值的评估。

无差异观念在假设性选择测试中贯彻得很差。而无差异测试的概念本身也存在问题。同样，无差异测试一般可以给出受伤前和受伤后的状况的解读。假设它被解读为受伤前，一个人认为保持不受伤与受伤和拥有额外的 X 美元可以买到的东西是无差异的。这使得侵权损害赔偿容易受到信息不充分、缺乏形象陈述、没有充分考虑等要素的影响。假设它被解读为受伤后，一个人认为没有受伤与现在受伤和拥有额外的 X 美元可以买到的东西是无差异的，这种测试不能用于损害本身会显著改变受害人偏好的情况，特别是结果要让被损害的一方认为其之前没有受伤的情况和其目前受伤的情况无差异。最明显的例子是，在事故发生后一个人没有相关的偏好：处在昏迷中或事故造成的损伤结果是，其缺乏在正常情况下人类会觉得有意义的条件之间作出有意义区分的能力。(想象一下，一种损害导致一个人四肢瘫痪，也造成了严重的脑损伤，使这个人无法区分四肢瘫痪和正常的身体活动。)

赔偿问题是一个难以回避的问题，侵权的经济学和矫正正义处理都在一定程度上陷入这一问题。经济学的方法肯定必须接受某种强大的可通约性主张：这一观点的捍卫者致力于将侵权制度的主要目的视为效率，这种效率根据财富来评估；他们致力于按照汉德法则思考过失，假定预防事故的成本和事故的成本以相同的单位来衡量。矫正正义的观点虽不支持侵权法的经济学解释，但认同这样一种观点，即要求侵权人作出的赔偿能够保障受害人不因其过失而境况恶化；因此矫正正义的捍卫者必须说明对各种各样的损害进行赔偿是可能的。

将这些个人的非经济损失与金钱数额进行直接比较，似乎很难让人理解，而诉诸受害人认为无差异本身就是一种不可靠和古怪的衡量标准。或许，我们需要的是呼吁采用更全面的评估形式，这种评估基于不那么古怪的价值衡量标准。[33] 把人类生活作为整体来考量，而不是从生活中出现的个别的善与恶来考量，也许是有用的。我们需习惯于对受害人的整个一生或他们生命中重要的一段时间的幸福状况作出判断，这些判断并不完全参照受害人的偏好（毕竟，我们常说人们不知道或不感激他们是多么走运），且不是简单地总结他们生活中的好和坏。当将一个人的生命画卷展开到一定程度时，如果我们愿意，可以描述很多种生活继续的路径；就我们关于人类特有生活的观点而言，同样如此。我相信你可以想象无限条生活继续的路径，无论哪条，每条都有自己独特的好和坏，事实上，在其中一些路径中坏事是非常糟糕的。

总之，我们的建议是，损害赔偿应通过比较受害人在没有受伤的情况下的大致生活图景与受伤后继续生活的各种方式来确定。这是以一个第三人视角——一个典型人类生活的视角，而不是某个人自己的视角，甚至也不是受害人的视角——来比较的。接下来有三个相关的问题。有没有一种方法让受害人在受到损害情况下的继续生活，不比没有受到损害情况下的生活差呢？[34]如果有，受害人过上那种生活的必要手段是否可以通过金钱来提供？如果可以，多少钱？如果对前两个问题的回答是"是"，那么对第三个问题的回答就确定了侵权人对受害人应承担的损害赔偿金额。[35]

然而，第一个问题或第二个问题的答案可能是"否"。可能是没有任何事物——或没有任何金钱可以买到的事物——可以满足受害人，能够让生活与他没有受伤时一样好。在这种情况下，赔偿将是不可能的，但这并不意味着侵权人应该免除责任：在这种情况下，要求的赔偿具有象征性作用——严格来说，赔偿是不可能的情况下，赔付是一种接近赔偿的表示。合理地确定何种给付（award）才能恰当地表达已造成的不可赔偿的损害，这是一个棘手的问题，就像普遍存在的象征性行为问题一样。但是，当一个损害要求赔偿，但又不可能使受伤的人恢复完整时，很难在其他任何地方找到关于这种责任的解释。

## 5.6 故意侵权和严格责任侵权

我们的讨论集中在构成侵权行为之大部分的过失侵权上。但除了过失侵权外，还有故意侵权和严格责任侵权。故意侵权与过失侵权都有过错的概念——也就是说，由于侵权人的某些过错，他才对损害负赔偿责任。故意侵权与过失侵权的区别在于，故意侵权中受害人的损害是侵权人的目的——他就是为了损害受害人——或者至少是侵权人充分希望会发生的结果，作为他行动的后果。严格责任侵权与过失侵权相似之处在于，侵权行为人无须预见行为给受害人造成的损失；其不同于过失侵权之处在于，无须主张侵权人的行为是不合理的。

故意侵权（包括如攻击、殴打、侵吞财产、故意精神损害）的哲学问题——如果有的话——比过失侵权少。关于什么算作损失以及如何确定损害赔偿的问题，在故意侵权和过失侵权方面没有区别，因为两者的目的都是对法律承认的损失进行赔偿。确定合理性的性质和法律义务的范围的问题不那么困难，因为似乎很清楚，通常有充分的理由禁止故意损害，并要求造成这种损失的人赔偿受害人。出现在故意侵权学说中、超越了过失侵权的最严肃的哲学问题是关于因果关系要素的问题：就像过失侵权人要为其过失行为造成的损害负责，故意侵权人要为其故意行为造成的损害负责进一步延伸为一个因果关系问题，且被承认为一个法律问题。

以著名的帕斯格拉夫诉长岛铁路公司案（Palsgraf v. Long Island Railroad）为例。[36]两名男子跑着去赶一列正在驶离的火车，其中一人顺利登上了火车，另一人实际上是被铁路警卫推到火车上的，他抓在手里的一个包裹掉了下来：结果，那个非常普通的包裹里装着烟花，落在铁轨上爆炸了。爆炸使得月台另一边的磅秤掉了下来，砸到了海伦·帕斯格拉夫，她受伤了。她起诉铁路公司，声称铁路员工因疏忽大意而把那位迟到的乘客推上了车，并要求赔偿她的损失。法院作出了对帕斯格拉夫夫人不利的判决：即使这位匆忙的乘客可能有一个过失诉讼的理由（例如，由于铁路警卫的粗暴对待而导致烟花的损失），她也没有任何理由，因为

"警卫的行为即使对包裹持有者来说是错误的,对帕斯格拉夫夫人来说也不是错误的"。本杰明·卡多佐(Benjamin Cardozo)法官认为,铁路工人没有对她的注意义务,因此铁路公司不对她的受伤负责。不过,如果铁路工人的行为是故意的,情况可能完全不同:如果铁路工人被迟到乘客的缓慢激怒,故意把他的包裹夺了过来,扔到铁轨上毁坏,那很可能这种故意损害行为的后果,也就是说,帕斯格拉夫夫人的受伤会被归咎于铁路工人。上文中我们提到伊丽莎白·安斯库姆的观点,即无论是否有所预见,错误行为的人都要对其行为的负面后果负责。从广义上讲,这是对的吗?如果是这样的话,一个人的行为越错误,他对后果的责任是否也就越大?

尽管存在因果关系问题,但故意侵权的困难程度似乎比过失侵权小,可严格责任侵权一直被认为是特别令人费解的,至少从将矫正正义作为侵权法的中心论点之一的视角来看是如此。就目前情况而言,侵权法中规定某些类型的活动存在严格责任。消费品的制造商和销售商对其产品的缺陷或产品的危险警告处理不足所造成的损害负有严格责任。(因此,如果一个人可以证明产品本身有缺陷或缺乏足够的警告标签,导致其受到损害,则制造商或销售商无法辩称自己已经做了能做的每一件事来确保产品是精心设计的、精心制作的和正确标示的。)那些从事极端危险活动的人——如用炸药爆破的人——为他们对他人造成的损害负有严格责任。那些拥有和饲养异常危险或破坏性动物的人,当这些动物挣脱并造成损害时,即使这些动物的主人已经做了所有能做的事来防止动物挣脱,也需要承担严格责任。

从经济学的视角来看,解释严格责任并不是一个很大的问题(当然,对于哪些活动应该承担严格责任存在争议)。可以认为,从效率的视角来解释是最好的：那些从事非常危险的活动的人，或对潜在危险物品的生产具有独家和单边控制权的人，当他们损害别人时，应该为之承担的责任就成了这些活动的成本。从矫正正义的视角来看，事情可能不那么简单。故意侵权和过失侵权都包含过错条件，人们可能认为，一个人损害他人是有过错的，这一事实使他必须对所造成的损害承担责任。但在严格责任中不涉及过错：侵权人无须不合理地使用炸药，或不合理地运营动物园，或不合理地制造捕鼠器；如果爆炸的碎片杀死了高速公路上的某人，或一只老虎逃跑并袭击了某人，或根据说明书使用捕鼠器的人最终得到的不是一只死老鼠，而是一根断掉的拇指，侵权人将为此承担责任。

比较严格责任侵权与过失侵权抗辩（风险承担抗辩）是有用的。（赞同从经济学角度解读侵权的人倾向于这种比较，赞同正义观点的人同样适用这种比较。）假设我在非常疲劳的情况下粗心驾驶。你和我在车里；我出了事故，结果你受伤了。当你上车的时候，我对你说："看，我太累了。我整晚都没睡，我都睁不开眼睛了。你确定要搭车吗？"如果你在知道这些事实的情况下还愿意搭乘，我就可以对你提出的损害赔偿要求进行抗辩，要求你承担风险：你完全清楚乘坐我的车的风险是什么，但你还是选择了这样做。如果我的抗辩成功，后果是事故的代价将由你承担，即使没有过错归到你头上。即使是我而不是你造成了事故，你也必须承担事故的代价。因此，我们的建议是，严格责任侵权与风险承担是对应的。与其让潜在的受害人（即使没有过失）承担事故造成损害的风险，不如让从事某些活动的人（即使没有过错）承担因事故而给他人造成损害的风险。

然而，这使探究倒退了一步。为什么某些活动要承担严格责任,即使我们没有完全禁止这些活动或否认它可以以一种合理的方式进行?也许答案可以从严格责任活动的片面性中找到:这些活动既具有风险,又不是侵权人和受害人共同参与的。[37]虽然有些人认为,汽车驾驶应以严格责任来处理,但拒绝这种做法而支持当前过失制度的基本理由是,驾驶的风险(在大多数情况下)是相互影响和共同分担的。然而,这个世界上,并非大多数人是炸药使用者,他们相互影响并共同分担爆炸的风险;也并非大多数人是动物饲养人,他们相互影响并共同分担饲养危险动物的风险;也并非大多数人是制造商,他们相互影响并共同分担消费者意料之外的产品风险。

　　侵权不是犯罪,赔偿也不是刑罚;因此,我们没有理由认为不法行为对于侵权和犯罪是同等重要的。侵权法规定了一个人不能损害他人的方式:一个人不能通过旨在损害他人的行为使他人境况恶化;一个人不能通过过失损害他人的行为使他人境况恶化。同样,一个人也不能通过从事极端危险的活动,或生产有缺陷的消费品,或以窝藏危险动物的方式,使他人境况恶化。[38]在所有这些案例中,侵权法的目的都不是谴责那些通过这些方式使他人境况恶化的人,因此,在没有过错的情况下要求赔偿的严格责任制度似乎并不是一个明显的对立。认为严格责任非正义的观点想要主张,如果人们想爆破,又要为爆破的后果负责,这是非正义的;如果人们想饲养老虎,又要为饲养老虎的后果负责,这是非正义的。目前,还远不清楚这种观点会如何发展。

## 延伸阅读

　　关于侵权法经济学解释的应用,参见 Richard A. Posner, *Eco-*

nomic Analysis of Law, 6th edn, New York: Aspen, 2003（1973 年首次出版）, Chapter 6; Guido Calabresi, *The Costs of Accidents*, New Haven, CT: Yale University Press, 1970.

有关侵权法的经济分析的几篇有用的论文（包括赞成和反对两方面），参见 Mark Kuperberg and Charles Beitz（eds.）, *Law, Economics, and Philosophy*, Totowa, NJ: Rowan and Allanheld, 1984; 其中包括罗纳德·科斯的经典（并且出人意料地易于理解）著述"社会成本问题"（The Problem of Social Cost）和乔治·弗莱彻（George Fletcher）的"侵权理论中的公平与效用"（Fairness and Utility in Tort Theory）。

斯蒂芬·佩里的著作是对正义方法的广泛探讨，参见 Stephen Perry, "The Moral Foundations of Tort Law", *Iowa Law Review*, 77（1992）, pp. 449-514; Stephen Perry, "Responsibility for Outcomes and the Law of Torts", in Gerald J. Postema（ed.）, *Philosophy and the Law of Torts*, Cambridge, UK: Cambridge University Press, 2001, pp. 72-130. ［波斯特玛（Postema）的文集包含侵权理论各方面的许多前沿文章。］

对正义观点的不同表述，参见 Ernest Weinrib, "Toward a Moral Theory of Negligence Law", *Law and Philosophy*, 2（1983）, pp. 37-62; Jules L. Coleman, *The Practice of Principle*, Oxford: Oxford University Press, 2001, Part One ［该书不同于佩里和温瑞卜（Weinrib）的视角］.

侵权法哲学的杰出概述，可以参见 Arthur Ripstein, "The Philosophy of Tort Law", in Jules Coleman and Scott Shapiro（eds.）, *The Oxford Handbook of Jurisprudence and Philosophy of Law*, Oxford: Oxford University Press, 2002, pp. 656-686; Benjamin Zipursky,

"Philosophy of Tort Law", in Martin P. Golding and William A. Edmundson (eds.), *The Blackwell Guide to Philosophy of Law and Legal Theory*, Malden, MA: Blackwell, 2005, pp. 122-137.

注 释

1. 人们也可以寻求禁令救济,要求责令做出侵权行为的一方停止侵害。例如,一家沿街的工厂正在向其所在的社区排放污染物(这是妨害他人的侵权行为),人们可以寻求法院强制令,要求工厂停止排放污染物。

2. See W. Page Keeton, *Prosser and Keeton on Torts*, 5th edn, St Paul, MN: West Publishing, 1984, § 30.

3. Ronald Coase, "The Problem of Social Cost", *Journal of Law and Economics*, 3 (1960), pp. 1-44.

4. Richard Posner, *Economic Analysis of Law*, 6th edn, New York: Aspen, 2003 (1973年首次出版), p. 16.

5. See Guido Calabresi, *The Costs of Accidents*, New Haven, CT: Yale University Press, 1970, p. 135.

6. Oliver Wendell Holmes, "The Path of the Law", *Harvard Law Review*, 10 (1897), pp. 457-478, quotation p. 469.

7. 对于这一假设的一个重要挑战,参见 Ronald Dworkin, "Is Wealth a Value?", *Journal of Legal Studies*, 9 (1980), pp. 191-222.

8. 在陈述正义观点的过程中,我不可避免地将正义解释的几个不同版本放在一起,这些版本各具特色(因此各具优势和劣势)。要理清这些问题,参见 Stephen Perry, "The Moral Foundations of Tort Law", *Iowa Law Review*, 77 (1992), pp. 449-514.

9. Stephen Perry, "Loss, Agency, and Responsibility for Outcomes: Three Conceptions of Corrective Justice", in Kenneth D. Cooper-Stephenson and Elaine Gibson (eds.), *Tort Theory*, York, ON: Captus University Press, 1993, pp. 24-47.

10. 事实上，作为一个严格责任问题，我基本肯定这是要承担责任的；见 5.6。
11. See Richard A. Epstein, "A Theory of Strict Liability", *Journal of Legal Studies*, 2 (1973), pp. 151–204, particularly pp. 197–199.
12. 请注意，这样说并不是质疑无家可归者所面临困境的严重性；而只提请注意这样一个事实，即有可能通过一项公平分配援助负担的共同计划来处理这个问题。
13. 关于支持这种积极义务的论点，参见 Ernest Weinrib, "The Case for a Duty to Rescue", *Yale Law Journal*, 90 (1980), pp. 247–293.
14. *Farwell v. Keaton*, 240 N. W. 2d 217 (Mich. 1976).
15. *Tarasoff v. Regents of the University of California*, 551 P. 2d 334 (Cal. 1976).
16. Oliver Wendell Holmes, *The Common Law*, Boston, MA: Little, Brown, 1881, pp. 109–110.
17. Arthur Ripstein, "The Philosophy of Tort Law", in Jules Coleman and Scott Shapiro (eds.), *The Oxford Handbook of Jurisprudence and Philosophy of Law*, Oxford: Oxford University Press, 2002, pp. 656–686, particularly p. 671.
18. Keeton, *Prosser and Keeton on Torts*, §32.
19. *United States v. Carroll Towing Company*, 159 F. 2d 169 (2d. Cir. 1947).
20. Richard Posner, "A Theory of Negligence", *Journal of Legal Studies*, 1 (1972), pp. 29–76, quotation p. 32.
21. 严格来说，汉德法官应该用比较额外事故预防措施的边际效益和边际成本的方法来计算，而不是用比较这些措施的总成本和效益的方法。
22. Posner, "A Theory of Negligence", pp. 32–33.
23. Keeton, *Prosser and Keeton on Torts*, §§41–42.
24. Hart and Honoré, *Causation in the Law*, 2nd edn, Oxford: Clarendon Press, 1985 (1959 年首次出版), pp. 68–81；哈特和欧诺瑞的观点作为直接因果关系原则在侵权中的适用，见第 136 页和 162 页。
25. 酒后驾车发生事故的概率是 0.45%；酒后驾车发生致命事故的概率约为

每 60 万英里 1 次。See H. Laurence Ross, *Confronting Drunk Driving*, New Haven, CT: Yale University Press, 1992, p. 47, cited in Douglas Husak, "Is Drunk Driving a Serious Offense?", *Philosophy & Public Affairs*, 23 (1994), pp. 52-73, particularly p. 63.

26. G. E. M. Anscombe, "Modern Moral Philosophy", *Philosophy*, 33 (1958), pp. 1-19, particularly p. 12.

27. 在著名的帕斯格拉夫诉长岛铁路公司案 [162 N. E. 99 (N. Y. 1928)] 中，持不同意见的法官安德鲁斯支持这种对政策的坦率呼吁，下文将简要讨论。安德鲁斯法官在书中写道，"我们所说的'直接'这个词的真正含义是，由于便利、公共政策和一种粗糙的正义感，法律武断地拒绝追溯超出特定范围的事件。这不是逻辑的，而是一种实用的政治。"

28. *Summers v. Tice*, 199 P. 2d 1 (Cal. 1948).

29. *Hymowitz v. Eli Lilly & Company*, 539 N. E. 2d 1069 (N. Y. 1989).

30. 企图使这些市场份额责任规则兼容因果关系要素，参见 Arthur Ripstein and Benjamin Zipursky, "Corrective Justice in an Age of Mass Torts", in Gerald J. Postema (ed.), *Philosophy and the Law of Torts*, New York: Cambridge University Press, 2001, pp. 214-249. 对因果关系重要性的有趣辩护，另参见 Judith Jarvis Thomson, "The Decline of Cause", *Georgetown Law Journal*, 137 (1987), pp. 137-150.

31. 例见 Paul H. Rubin, *Tort Reform by Contract*, Washington, DC: AEI Press, 1993.

32. *Diaz v. Eli Lilly & Company*, 302 N. E. 2d 555 (Mass. 1973).

33. 类似的观点可以参见 Heidi Li Feldman, "Harm and Money: Against the Insurance Theory of Tort Compensation", *Texas Law Review*, 75 (1997), pp. 1567-1603.

34. 有人可能会反对说，这没有考虑这样一个事实，即受害人的生活进程在没有作出自己选择的情况下发生了改变。实际上并非如此。(在一定范围内）确定自己的生活是人类生活的特有利益，所以在评估什么样的生活与受害人想象的未受伤的未来生活差不多时，所有受伤后的生活都涉及并非受害人选择的变化这一事实,已经被纳入考量。

35. 有人可能会反对说,这种看待损害赔偿的方式产生了不幸的效果,即由于受害人能够充分利用不利情况,采取措施改善自己的生活,侵权人的责任就被削弱了。但这不是一个好的反对意见。这是侵权法"可避免的后果"原则的合理延伸,即受害人必须采取措施减轻因侵权人的过失造成的损失。

36. 162 N. E. 99(N. Y. 1928).

37. See George Fletcher, "Fairness and Utility in Tort Theory", *Harvard Law Review*, 85(1972), pp. 537-564, particularly p. 542. 利普斯坦表达了类似的观点,他认为侵权法的基本原则是一方不得单方面规定互动条款;参见 Ripstein, "Philosophy of Tort Law", p. 661.

38. 正如利普斯坦强调的那样。参见"Philosophy of Tort Law", pp. 685-686.

# 第 6 章
# 挑战法律

## 6.1 对法律角色问题的思考

在前面五章中,我们一直致力于提供一种法的解释,以满足我们关于法的常识——法是一个社会事实问题,法是权威的,法是为了公共利益。虽然很明显,法的存在是关于规则接受和使用的社会事实问题,但也很清楚的是,为了不存在缺陷,法必须真正具有权威性,真正为公共利益服务(第 1 章),我们看到,法对权威和公共利益的抱负塑造了基本法律角色的特征和约束力(第 2 章)。我们已经探讨了处理法的目的问题的可能路径(第 3 章)以及这些关于法的目的的观点在刑法(第 4 章)和侵权法(第 5 章)中的影响。

我在整本书中对待常识的方法是一种建设性的方法。也就是说,我一直在试图仔细研究那些为证明和阐述我们关于法的常识而做出的贡献,在较小程度上,评估这些贡献的成功和失败。但是,如果认为法哲学的任务必须以这种方式或以这种目的来执行,那就错了。正如我在导论(0.1)中所提到的,我们没有理由事先认为,我们关于任何主题的常识都是井然有序的,它们从根本上是健全的,只是需要更深入的哲学研究,以便获得更令人满意的理解。相反，我们的常识在某些方面可能是不连贯的，或错误的，或大规模的误导，放任这些情况，就等于对错误的可能性视而不见。

我们可以通过考虑各种各样对法的常识的挑战来结束我们的探讨。将它们界定为对基本法律角色的挑战，将有助于我们集中讨论。由于这些角色是法律制度的核心，否认这些角色的实用性或正当性，就是否认——根据我们的常识理解的——法的实用性或正当性。很难想象还有更基础的批评。

## 6.2 挑战臣民角色：哲学无政府主义

正如我们已经看到（2.2）的那样，臣民在法律制度内的角色是服从者，服从权威解释的法律规范。在我们讨论这一角色时，我们审视并批评了一些关于为什么那些扮演这一角色的人真正有义务遵守角色要求的解释，最终，我主张一种基于为公共利益尽自己的一份力的解释。但有人认为，服从权威是臣民生活的核心，这在道德上是不合理的；即使这一指控被证明是错误的，也有人认为，为什么臣民在道德上必须服从没有真正成功的解释。这两种观点——认为法对臣民必然缺乏合法的权威，或者认为事实上法对臣民没有真正的权威——都可以被贴上"哲学无政府府主义"的标签。（哲学无政府主义与政治无政府主义形成对比，我们将在下面讨论这一点。）

罗伯特·保罗·沃尔夫（Robert Paul Wolff）为哲学无政府主义立场的更有力版本辩护。[1]在一本颇有影响力的书中，他认为在权威和自主之间存在着根本的不相容，这本书引发了关于法律权威的合理性和局限性的大量讨论。一个人要对另一个人有权威，他的指令必须约束另一个人服从。但自主意味着对自己的行为负责,对自己的行为负责意味着一个人的行为是其关于什么应该做的自我裁量和决定。当一个人自主行为时,没有"推卸责任"之说——如果有一个问题,即对于这个行为谁应该被赞扬或责备,赞扬或责备的对象只能是行为人自己,因为正是这个人决定实施这一行为。沃尔夫认为,这些权威和自主的特征足以表明,权威和自主是不相容的。因为按照权威行事的人会服从权威的要求。如果一个人被告知要做某件事,然后仔细考虑该做什么,那么他的行为就不是按照权威行事,即使他最终做的正好是权威要求他去做的。(如果我让我的女儿打扫她的房间,她想了想她的房间有多么脏乱,思考为什么现在是打扫房间的好时机,然后决定去做,她就不是按照我的权威去做的——她只是根据事实本身,自己决定应该打扫她的房间。)我们有一个选择:我们可以按别人说的去做,也可以根据事实本身行事。按照前一种方式行事,就是按照权威行事;按照后一种方式行事,就是自主行事。

到目前为止,沃尔夫告诉我们的只是权威和自主之间存在冲突。他没有告诉我们为什么我们应该选择自主。他的回答是,我们有道德义务成为自主的并保持自主性。[2]这是我们最有价值的能力,因为是它使我们成为理性的存在。因此,为了服从权威而放弃自己的自主权,是一种道德上不合格的状态。

沃尔夫的观点在很多方面都受到了批评。有人可能会说,首先,权威和自主之间根本没有如沃尔夫所描述的不相容之处。自主就是根据自己可找到的理由为自己思考。按照权威就是听从别人的指令,是一个人采取行动的有力理由。因此,一个自主的行为人可以为自己考虑,正确地将权威的指令作为行动的理由。如果我对我的女儿有权威,并让她打扫她的房间,她可能会这样推理："嗯，这个房间在我看来并没有那么乱……但爸爸让我这么做，所以我想我会这么做。"她的行为很可能是自主的，因为她的决定是有理由的：她不需要盲目回应，或出于习惯。（你可以想象两种不同的场景：一种是她根据我权威的指令选择打扫房间，另一种是她盲目地听从我的指令。）但她肯定是基于我的权威行动：因为我让她打扫房间，她才觉得值得去做。如果权威和我们作为道德主体的本性存在问题，那并不是说按照权威行动就排除了一个人根据自认为适用于自己的理由而行动。

也许这个问题应该被理解为某种与权威有关的理由：比如，权威的理由是 A 让我这么做。有人可能会说，正是这类原因不适合自主主体按其行事。困难之处不在于权威不允许人们基于对理由深思熟虑的结果而采取行动，而在于权威不允许人们基于对权威理由深思熟虑的结果而采取行动。我们可以说，一个自主的存在不应该让他人的意志决定其行动过程。但这种反对意见肯定过于强烈了。假设你和我正在决定去看哪部电影。我们无法达成一致，所以你建议折中一下："这次我们去看你想看的电影；下周，我可以决定我们去看哪部电影。"如果我同意，我就将服从你的意志：下周，不管你决定看什么电影，我都有理由去看。我已经放弃我的自主权了吗？也许，在某种程度上是。但我的行动没有什么可令人反感的。为了朋友之间愉快的和解，我有充分的理由放弃一些决策权。

沃尔夫没有给我们任何理由认为，对我们这样的理性存在来说，按照权威行动本身就是一种令人反感的状况。然而，有人可能会承认这些说法，同时提供一种受沃尔夫启发的观点。也许自主的问题不在于一般权威，而在于特别的法律权威。法律权威的范围是非常广泛的，至少声称是如此。在法律的权威之下，并不像与朋友达成一份一次性的协议,以尊重彼此对于电影的选择。它是在一个系统下,任何数量的权威规范都可能被强加给一个臣民,而臣民被期望遵守。这位受沃尔夫启发的评论家可能会说,正是这种状况对自主权造成了令人反感的侵犯。对于一个忠诚的臣民,确实需要牺牲太多的自主权,才能实现角色价值。

这个反对意见既有正确的地方,也有错误的地方。反对意见的正确之处在于,如果忠实地扮演臣民角色意味着准备遵守法律权威制定的任何规则,那是太过顺从了,对我们这样的人来说难以容忍。例如,我们不应该愿意遵守极不公正的规则。然而,反对意见的错误之处在于,人们可以为一个非常有力的解释辩护,即人们应该在多大程度上遵循臣民角色的要求,而不成为绝对主义者。例如,在我前面提出的论述(2.2)中,我认为,只要法律规定了一个人为公共利益应尽的责任,他就应该遵守法律。这意味着,一个人无论如何都不需要准备好服从法律的命令;如果法律给一个人安排极其不成比例的责任,或者要求一个人做不公正的事,那么他可以拒绝服从。但除非法律违反了这些限制,否则人们就应该遵守,因为促进公共利益需要一个共同的标准来划分责任,而法律是满足这一角色的最佳选择。这涉及一些决策权的丧失——我再也不能自己决定必须为公共利益做什么——但考虑到有必要与我的同胞们分担我们的共同职责,这是值得的。

我认为,上文(2.2)所提出的尊重臣民角色道德要求的观点,不受沃尔夫的和受沃尔夫启发的反对意见的影响。但是也有一些反对尊重臣民角色道德要求的观点,虽然不像沃尔夫那样雄心勃勃,但却更成功,甚至更有影响力。这一观点的捍卫者并没有声称这是不可能的,甚至在道德上必然是不可取的,因为遵循角色要求是臣民的道德义务。相反,他们所主张的只是在目前的情况下不存在这种道德要求。

他们如何论证这种主张？分两个阶段。首先，这些哲学无政府主义者——M. B. E. 史密斯（M. B. E. Smith）、A. 约翰·西蒙斯（A. John Simmons）、约瑟夫·拉兹（Joseph Raz）和莱斯利·格林（Leslie Green），这一观点的四位最杰出的阐述者[3]——认为目前关于遵守法律的道德要求的所有解释都是失败的。他们所遵循的路径非常类似于我们前面讨论的路径（2.2）——我们考虑了关于这个道德要求的几种论证，以及每种论证在一个重要方面是如何不足的。哲学无政府主义者的不同之处在于，他们认为没有给出积极的解释。如果他们要从为公共利益尽自己的一份力的要求（2.2）的角度批评这个解释，他们可能会争辩说，这个要求本身需要解释。为什么我有一种特定的道德义务来促进这个我碰巧居住的特定社区的公共利益呢？无论一个人身在何处，他都有义务促进该社区的公共利益，这是一个令人不快的事实吗？（那么，如果我去西班牙旅行，我对西班牙公共利益的义务和我作为美国公民对美国公共利益的义务是一样的吗？对吗？）如果这不是一个令人不快的事实，又该作何解释呢？（这不可能是同意，或者公平竞争，或者其他类似的东西——正如我们所看到的，我们一般不会履行必需的自愿行为*。）哲学上的无政府主义者也可能会批评这样一种主张，即法律作为划分公共利益责任的明确标准，约束人们按照它行事。这是为什么呢？（同样，答案不可能是一致的——但是，我们如何解释法作为一个显著标准的道德相关性呢？）[4]

因此，哲学无政府主义者论证的第一阶段是表明，没有一个关于遵守法律的道德要求理论是成功的。这可以被解释为表明没

---

\* 一个行为不可能既是"自愿的"又是"必需的"。二者冲突。——译者注

有这样的道德要求；也可以被解释为表明法哲学家在构建论证方面不够巧妙。哲学无政府主义者论证的第二阶段是为接受第一种解释提供更有力的基础。他们这样做的方式是给出理由来认为，没有遵守法律的道德要求并不是一个非常严重的反直觉结论。可以这么想，如果没有遵守法律的道德要求，人们就可以做各种看似在道德上错误的事情，那么我们可能会认为哲学家们只需要论证得再努力一点，而不是说没有遵守法律的道德要求。这里有一个类比。如果我能够向你证明，所有反对谋杀的哲学观点都是错误的观点，你不会得出这样的结论：谋杀在道德上是允许的；你会认为哲学家们并不很聪明。原因是你很清楚，如果没有反对谋杀的道德要求，那么就会有一些行为——例如，为了一笔遗产而杀死自己的姑姑——不算错误，但你完全知道这是错误的。哲学无政府主义者想要表明的是，所谓遵守法律的道德要求并不像反对谋杀的道德要求——尽管你不能在没有反直觉结果的情况下驳回后者，但你可以在没有反直觉结果的情况下驳回前者。

例如，哲学无政府主义者注意到，法律禁止的许多事情基于其他理由也是错误的：一个人不需要为了相信自己不应该杀人而相信遵守禁止杀人的法律是一种道德要求；一个人不需要为了相信自己不应该强奸而相信遵守禁止强奸的法律是一种道德要求；等等。法律禁止的许多行为是"自然罪行"（mala in se）——本身错误的行为——也是我们不应该实施的行为，即使法律对这些主题保持沉默，甚或法律禁止这些行为，但法律并不是我们需要在意的。即使对于那些本身没有错的行为，通常情况下法律也建立了协调方式，阻挠这些协调方式是错误的（甚至是非常轻率的）：即使没有义务遵守法律，也应该遵守交通模式（信号灯、通行权、车道选择），因为违反这些协调方式将危害自己和他人。[5]

因此，哲学无政府主义者认为，即使没有遵守法律的道德义务，也没有理由尊重臣民角色的要求，但也有其他的道德要求涵盖了大部分相同理由。假设你开始相信法律要求某种行为这一事实并不是执行它的道德理由：它会如何改变你的行为？在多大程度上，你对自己所承担的道德义务的实际判断，是受到一种信念的影响，即你真的有义务遵守法律的要求？

同样，这些论点有对有错。诚然，有许多理由要求人们按照法律的特定要求行事，即使我们开始相信法律并不是对臣民真正具有权威。但是在我看来，有很多情况不完全适合自然罪行/协调方式的二分法，这是哲学无政府主义者在否定遵守法律的道德要求后，为遵守法律找到的理由。法律的一个非常重要的作用是调节我们可以对彼此提出的要求。我应该可以要求你不要酒后驾车危及我的安全，你应该可以要求我不要酒后驾车危及你的安全。（事实上，我们的法律通过刑法和侵权法执行这一要求。）但是，正如阿奎那在他关于决定的讨论中所指出的（见1.6.2），这是一个模糊的要求：什么构成了我们应当能够约束彼此不实施的酒驾呢？是通过饮酒量来衡量？通过实际损伤*？通过血液酒精含量？如果按第一种，量是多少？如果按第二种，什么程度的损伤？如果按第三种，浓度是多少？如果法律不具有权威性，那么我们实际上就缺乏一个相互适用的共同标准。如果你想要求我在喝了四杯啤酒后不开车，而我想要求我在血液酒精浓度超过0.10%时不开车，则我们之间的问题无法解决；"禁止酒后驾车"的标准太模糊了，无法解决我们之间的分歧。法律在很大程度上都在关注如何在诸多问题中建立更精确的正义标准，以至于很难相信哲学无政府主义不会产生严重实践后果。

---

\* 这里指酒精对驾驶者带来的影响，如判断力、协调能力等方面。——译者注

哲学无政府主义是一个关于法律对其臣民不存在真正权威的论题。不要把它与政治无政府主义混淆，后者是一种关于政府不受欢迎的主张，或关于希求采取行动解散政府的主张。一个人可能持有其中一种观点而不持有另一种观点。当代的哲学无政府主义者往往不是政治无政府主义者；他们认为，虽然没有遵守法律的道德义务，但政府的存在整体上是一件可取的事情。一个人可能是政治上的无政府主义者，而不是哲学上的无政府主义者：一个人可能认为确实存在遵守国家法律的道德要求，但这是一种不幸的状况；如果没有政府，则会更好。

为什么会有人支持政治无政府主义？考虑到需要政府提供防御，照顾不太富裕的人的需要，等等，为什么会有人倾向于认为政府的存在整体上是不可取的呢？政治无政府主义者的挑战通常来自两个方向：第一，政治无政府主义者指出了由政府引起的所有真实的和实际的危险；第二，政治无政府主义者认为，政府本身在很大程度上是其理应防范的危害的根源，而不是解决办法。首先，政府表现出一种等级结构，通过权威和强制进行统治。虽然人们可能会发现在导论中所考虑的权威是相当温和的，可在实践中，现代法律制度中的权威大部分是由权力和财富的精英们行使的，其结果是臣民受到法治的压迫。其次，内部暴力（犯罪）和外部暴力（战争）的危险本身很大程度上是政治结构的产物。这在战争中是非常明显的，因为战争是政府行为。在犯罪的情形中，无政府主义者声称，政府的作用是将臣民彼此分离，并为了一些人的利益压迫另一些人（下文对此有更多论述）；这种压迫和缺乏团结是犯罪的主要原因。随着犯罪的增加，政府有了更多的权力来打击犯罪；孤立和压迫程度的增加滋生了更多的犯罪；政府有了更多的权力来打击犯罪；循环往复。最好通过社会生活的其他组织方式（或拒绝组织）来打破这种循环。虽然在道德观和无政府状态下生活特征的展望方面政治无政府主义者当然存在显著差异，但这两个主题——国家权力在某些方面事实上是压迫性的，本应证明政府的正当性的社会弊病（及其处理）反而是由政府引起——是威廉·戈德温（William Godwin）、皮埃尔·蒲鲁东（Pierre Proudhon）、米哈伊尔·巴枯宁（Mikhail Bakunin）、彼得·克鲁泡特金（Peter Kropotkin）、艾玛·戈德曼（Emma Goldman）以及其他人的政治无政府主义的共同主题。[6]

在此，我不打算评价政治无政府主义者对现代政府结构的批评。我只想指出，对政府的批评并不一定是对法的批评。如果我们在第 1 章和第 2 章拒绝这种法的观念——法本质上是与制裁紧密联系的——是正确的；如果我们在第 2 章拒绝立法者角色如何履职的任何特定解释是正确的，那么似乎并不能得出结论：被政治无政府主义者当作现代国家的极度令人反感的特性——它的等级结构和强迫性特征——在每个有法的社会都存在。为了作出这一论断，政治无政府主义者必须认为，任何通过在法律制度中至关重要的角色分化来创造和应用规则的社会，都必定强化成等级结构，在这种结构中，个人掌握权力，并因此压迫他人。但是，我们似乎可以想象一个这样的方案：立法是一种正式的（尽管是公共的）活动，而审判是一项在社区成员之间轮换的任务，不是只有社会和经济精英才能担任的职务。

## 6.3 挑战立法者角色：
### 马克思主义、女权主义法律理论、批判种族理论

无政府主义者对法律的挑战攻击了这样一种主张，即人们可

能或事实上在道德上受臣民角色的约束。现在我想探讨一个对立法者角色的挑战，那就是，这个角色是否可以成功履职。一旦我们回想起成功履行这一角色的条件和无政府主义者的挑战所影响它的方式，这些挑战之一就很容易呈现出来。另一个挑战来自于马克思主义关于法律、政治和阶级的思考，它并不是对法律角色的标准挑战。但是，一旦我们再次回想起成功履行这一角色的条件，我们就会看到它与马克思主义对社会和政治生活的解释这一主题的明确相关性。

回想一下，立法者角色的履职规则是，立法者应制定无缺陷的法律，而无缺陷的法律是既具有权威又是为了公共利益的法律（2.3）。鉴于这种对立法者角色的理解，很明显，哲学无政府主义的正确性问题与立法者是否有可能履行其角色的问题是相关的。立法者只有在他们制定的法律对其适用的臣民具有权威的情况下，才是成功地履行了他们的角色职责；但是，如果哲学无政府主义者是正确的，那么立法者这个角色注定失败。因此，哲学无政府主义不仅对臣民角色的约束性提出了挑战，也对立法者角色成功履职的可能性提出了挑战。

对立法者角色挑战的另外一条路线在马克思主义思想中得到广泛发展。虽然在这里没法充分展开马克思主义的观点，但下面的论述足以说明这一思路为我们揭示了立法难以成功的根源。马克思的观点是，政治和社会生活史是一部阶级斗争史，在这部历史中，经济上占优势的阶级对经济上从属的阶级拥有权力。[7]虽然马克思不支持这种观点，即社会生活的每一个细节都是由社会的经济特征决定的，但很明显，他认为一个社会的经济特征限制这个社会非经济方面的可能性——限制政治实践、社会关系和意识形态——从长远来看，社会生活的非经济特征最终是由这些经济特征决定的。[8]

这些观点——社会被划分为相互冲突的阶级，非经济因素全面且最终由经济因素决定——对我们理解法律有着重要的意义。在马克思看来，一个人所属的经济阶级在很大程度上决定了他所接受的道德和价值观念；这是经济因素全面决定非经济因素的含义。因为这些阶级之间不是和谐的，而是冲突的，所以很明显，这些意识形态之间也会发生冲突。奴隶主所维护的利益观与农奴所维护的利益观是不同的、对立的；资本家所维护的利益观与劳动者所维护的利益观是不同的、对立的。

此外，从长远来看，一个阶级在经济上支配另一个阶级的政治和法律后果必然会反映在政治和法律本身。那些看似中立的原则最终会对当权者有利。这种趋势的缘由有很多：可能只是那些掌握经济权力的人最终控制了法律的制定和实施；可能是那些有资格（当然是以表面中立的标准）担任立法者和法官的人来自经济上占主导地位的阶级，其结果是统治阶级的意识形态反映在法律的制定和应用中；也可能是，即使无法追溯到任何个人的决定，法律秩序也无法维持与主流经济关系背道而驰的规范。

以20世纪初美国劳动人民的状况为例来说明这种影响。在当时的工业化条件下，劳动人民受到损害是极其常见的。理论上，工人们可以起诉他们的雇主，对疏于维护工作环境而造成的损害要求赔偿。人们可以很容易想象出这样一种情况：工人们能够赢得这样的诉讼，防止工厂老板们疏于维护他们的工厂，并要求为生产产品的工人伸张正义。但事实上，事情不是这样发展的。在法庭上出现的是现在有时被称为"邪恶三位一体"的状况——工厂老板依靠三种对过失索赔的抗辩来阻止诉讼，并确保受伤的工人无法得到赔偿。有时会援引"同主雇员"规则：根据这一规则，如果受伤完全可以归因于其他工人的过失，则不能得到赔偿。有时会援引共同过失规则：根据这一规则，如果一个人自己有任何过失，即使是最轻微的过失，那么他因另一个人的过失而受到的损害就不能得到赔偿。如果所有这些都失败了，就可以援引风险承担原则：它声称，工人知道自己将面临什么，因此损失必须落在工人身上，而不是雇主身上。[9]

马克思主义的观点有时被援引来引出这样一个观点，即所谓中立和公正地适用于臣民的法律规则，实际上并不是那样的。事实证明，过失侵权规则是驳回工人索赔的工具，而不是工人因遭受不公正的损失而获得赔偿的工具。财产规则不是中立的，而是经济上处于有利地位的人可以继续积累财富的工具，从而对经济上处于不利地位的人施加影响。言论自由法律机制不是中立的，而是使富人在制定法律和政策时比穷人拥有更大的话语权和影响力。[10]对中立性的检验不是法律文本文字的外观，而是在占支配地位的社会和经济关系网络中实际的影响。

非中立性不仅仅是法律实践的偶然特征，善意的立法者可以通过本着良心的推理和拒绝屈服于政治和经济压力来规避。如果马克思是对的，那么在由冲突的阶级构成的社会中，法律将不可避免地偏向经济上的强者。但这并不是说，在每一个法律可能有利于经济上更强大阶级的场合，它都会这样。不如说，它指向了一种有利于经济上的强者的不可避免的趋势，以及这些经济关系的要求对法律施加的限制。回到美国工业化的例子，回到邪恶的三位一体：拒绝给予赔偿的结果是越来越多的工人抗议，最终的结果是工伤赔偿作为侵权赔偿的替代方案问世。对于经济上占主导地位的老板来说，这似乎是一个挫折。但事实上这是一个让步，封锁了通往全面改革的道路：通过确立一个并未涵盖所有损失（例如它不包括赔偿痛苦和折磨）和限制了赔偿上限的赔付方案，雇主对工伤的赔付继续远低于全部赔偿。

在马克思看来，法律规范无法实现公正性的部分原因是，法律规范受到现有经济关系的制约，而现有经济关系本身是片面的。但部分原因也在于这种公正性本身必然是一种空想。在制定法律时要做到公正，就是要将公正和公共利益的概念平等地应用于将受该法律管辖的臣民的利益。但马克思的观点是，不存在这样中立的正义和可得利益的观念；阶级地位也塑造了成员们正义和公共利益的观念。

正如我所说的，不幸的是马克思主义观念在这里没有得到充分的展开。但是，尽管它们是不充分的，也应该清楚的是，它们的正确性将如何给我们所建构的立法者角色的履职带来严重的困难。除了要求立法者制定的法律必须是权威的，我们也说过立法者制定的法律必须是为了公共利益的。但这些马克思主义观念对这种可能性提出了质疑。因为如果马克思是对的，法律的长期趋势必然不是朝向公共利益，而是朝向一个阶级的利益，即经济上占支配地位的阶级；而且，由于这个阶级的利益与经济上从属的阶级的利益是对立的，因此不存在真正的长期前景，使法律为公共利益服务。（这与旨在促进经济从属阶级利益的个别法律是兼容的：马克思的论题关注的是经济权力对法律的最终决定，而不是不可能存在任何与经济支配阶级利益相悖的法律。）

此外，按照马克思主义对意识形态的理解，很难设想为了公共利益而进行立法审议是可能的。如果立法审议必须从公共利益的角度进行，那么这个角度必须是冲突社会中的每一个人可以接受的。但是，如果不同阶级所持有的利益观念不仅不同而且对立，就很难设想为公共利益立法会是什么样子。按照马克思的观点，在社会不再包含冲突阶级之前，法律是没有希望为了公共利益的；在革命废除经济的阶级差别和这种差别维系的权力关系之前，法律都不可能是为了公共利益，因此立法者的任务注定要失败。

马克思关于经济、法律和政治的观点之所以如此形成，是因为马克思认为经济关系是构成社会生活的其他各种关系的最终决定因素。有些人虽然拒绝马克思关于经济是最终决定因素的观点，但肯定他的权力观点，以及权力差异如何妨碍法律的中立，限制法律作为改革力量的潜力，塑造属于压迫者和被压迫者的正义和公共利益的观念。我们可以把那些肯定这些观点的人称为权力多元主义者——他们认为权力的来源是多种多样的，尽管这些权力关系限制立法和排除真正的公共利益的方式是相同的。

一场始于20世纪70年代的法律理论运动被称为"批判法学研究"，我将在6.4中详细介绍，它确认了类似于马克思主义对法律的多元解读。这里我只想说，批判法学研究的追随者深度质疑任何认为法律以中立或正式方式运作的懒惰假设；相反，它在正义和公共利益的问题上不断采取实质性的立场，偏袒支配集团的利益。与标准马克思主义不同的是，支配集团不主要由经济条件规定。这个批判法学研究一般项目的分支包括女权主义法律理论和批判种族研究。

女权主义法律理论的出发点是，男性对女性在社会和经济方面占支配地位，因此可以料想，法律——即使那些表面上在男性和女性之间显得中立的——肯定表现出有利于男性的倾向。因此，当女权主义社会理论家安德里亚·德沃金（Andrea Dworkin）和女权主义法律理论家凯瑟琳·麦金农（Catharine MacKinnon）起草的反色情法规被印第安纳波利斯市通过，这些法规又以限制言论自由而违宪为理由被撤销，也就不足为奇了。[11]麦金农声称，从所谓中立的言论自由法理学的角度看，色情作品对女性造成的损害是看不见的。[12]批判种族研究的出发点是，白人对其他人种在社会和经济方面占支配地位，因此可以料想，法律——即使那些表面上在不同人种之间显得中立的——肯定表现出有利于白人的倾向。因此，当一项禁止仇恨言论的法规被通过时，这一法规就会以限制言论自由而违宪为理由被撤销，也就不足为奇了。[13]从言论自由法理学的角度看，这种言论对少数族裔造成的损害是看不见的。

女权主义法律理论家和批判种族理论家一直非常愿意提出立法建议，以减轻对妇女和少数族裔的不公正负担。这与以下观点完全一致：除非不同性别和种族的成员之间的权力关系被废除，否则法律倾向于白人和男性，以及这些社会群体的独特利益妨碍立法者真正从公共利益的视角考虑法律，都是不可避免的。

即使承认不同的和对立的社会群体往往对利益有不同的和对立的观念，也不能完全得出立法任务不可能完成的结论。立法者不可能以一种具有代表性的方式（见2.3）来执行立法任务，即代表整个社会的视角来判断哪些法律应该被通过、修改或废除。如果一个人要代表一个由冲突的阶级构成的社会，那么他就会代表这些群体中的一个或另一个。另一方面，如果立法者能够从客观仁慈的角度出发，询问什么样的法律和政策最符合他们管辖下的当事人的实际利益，他们也有可能执行他们的任务。因为，虽然不同的群体可能对自己的利益有不同的观念，但这并不意味着他们的利益实际上是对立的；因为一个人对自己利益的观念很可能与自己的利益实际上是不一致的。当然，有人可能会反对说，这忽略了马克思主义的信念，即一个人对正义和公共利益的看法是由他所在的阶级决定的；但这个观点说得太过绝对——马克思最多可能说，一个社会阶级的成员普遍倾向于分享一个共同的正义和公共利益的观念。这与马克思的如下观点是一致的，即有一些杰出的人——比其他人更好（虽然不完全）——察觉到意识形态蒙蔽了我们，使我们看不到与敌对社会群体成员共同的人性和共同的人类利益。[14] 我们可以承认，除非这些敌对群体不再占据支配地位，否则趋势将继续倾向于偏见和压迫。但是，明智而非凡的立法总是有可能选择性地破坏优势方的支配条件，或者至少为更大规模、更具革命性的社会变革铺平道路。

## 6.4 挑战法官角色：
### 美国法律现实主义、批判法学研究

立法者和法官之间的区别就是规则制定者和规则执行者之间的区别。立法者制定各种规则来指导公民的行为；法官将规则适用于特定的案件。现在，我们已经看到，在很多方面，这是一种对审判工作方式的误解。我们必须记住，立法者并没有提供法官必须适用于案件的所有规则；甚至哈特所说的义务施加规则（见1.4）也不全是立法的产物。例如，一些规则可能是通过司法机构接受习惯法规范而纳入法律制度体系。法官们在规则解释和规则适用中通常采用的原则之一是遵从早期案件中法官的裁决——这就是遵循先例原则，即（早期的）裁决应该继续有效。（大多数侵权法是通过诉诸惯例和先例而发展起来的，由法官在所谓的"普通法"中建立。）

描述法官的角色不麻烦，它包括的不仅仅是应用立法者制定的规则：法官的职责是在案件中适用法律——广义理解，属于承认规则。然而，当人们仔细思考"适用"概念的先决条件，以及法官完成工作可利用的法律渊源的范围时，麻烦就开始酝酿了。

何谓将一个规则或一组规则适用于一个具体案件呢？如果我需要就某个特定情况作出裁决——比如，我必须裁决被告是否应该向原告赔偿损失，或被告是否没有责任——什么才能证明我的裁决真的是将一组规则适用于手头案件的结果呢？当然不是我的桌上有一本关于规则的书，认真查看，然后作出裁决。我查看规则可能与我的裁决无关——我甚至可能不理解它们。即使我理解这些规则，这些规则也可能不是我作出裁决的原因——我可能只是喜欢原告的长相，而我发现被告令人恼火。这些规则甚至不足以让我作出我所作的裁决。如果我对这些规则的阅读和理解使我对提起诉讼的想法感到厌恶，从而作出不利于原告的裁决，那么没有人会说我的裁决是我将这些规则应用于手头案件的结果。根据规则作出特定裁决与在作出裁决时适用规则是不一样的。更确切地说，将这些规则适用于一个案件中，就是把这些规则作为一个人作出案件裁决时的指南。适用规则就像使用地图：使用地图就是把它当作向导来确定地点，或者在真实或想象的旅行中寻找方向；适用规则就是把规则作为决定真实的或假设的案件结果的指南。

法官角色是把法律当作决定案件裁决的指南；好的法官是一个受到法律良好指引的人，他会正确地遵循法律为其设定的道路。不过，正如我们上面所看到的，在有些情况下，法律似乎已经失效了。在这种情况下，法官的裁决在某种程度上并不取决于规则适用；法官将不得不以一种超越规则适用的方式作出裁决。

有趣而重要的问题是，第一，这种现象有多普遍，第二，这在多大程度上对法官作为一个根据法律作出裁决的角色产生了质疑。美国法律现实主义学派在揭示法律在何种程度上无法在案件中产生确定的裁决方面具有巨大影响力。法律现实主义者是20世纪早期的哲学家、律师和法官,他们虽然对当时的政治问题持有不同的观点,但有一个统一的态度:对于如何作出裁决,法学学生需要采纳不那么理想主义的、更现实的观点。按照他们的观点,如此一个现实的评价通向这样一个论点——法律是极其模糊的:有大量案情法律不能产生确定的裁决,所以在这些案件中任何法官的裁决都必须超越仅仅基于法律适用可以达到的结果。

有大量案情法律不能产生确定的裁决的想法,是含糊无用的,但可以补充这种描述,使现实主义者的观点能提供有用信息。正如布莱恩·莱特(Brian Leiter)所描述的那样,现实主义者强调的重点不是在普通的下级法院案件中不存在法律上正确的答案;一如既往会存在。[15]现实主义者想要声明的是一旦我们从这些平凡的案件转移到那些上诉法院的案件,不确定性就占了上风。在上诉案件中,未决的法律问题是提交给法官并在法官面前辩论的,没有任何裁决是由手头的法律材料决定的。

这种观点的基础是什么?当一个人是否有义务提醒参加派对的人注意浅水,或者引进英国国教牧师是否算作引进劳工,或者死刑是否被认为是残忍和不寻常的刑罚——成为问题时,为什么会对法律能在多大程度上得出确定答案产生怀疑?怀疑主义并不是仅仅因为一些律师对这个问题持一种观点,而另一些律师持另一种观点。有些人有不同的观点,可能可以简单地解释为,有些人的法律技能不如其他人,或者没有足够仔细地考虑眼前的问题。然而,怀疑主义来自于对何种法律渊源足以产生法律确定性的解释,以及缺乏这些法律渊源的观点。

足以产生法律确定性的东西是这样的。如果要从以前的裁决中提取法律规则来决定正在讨论的案件，就需要明确规定如何从这些案件中提取这些法律规则的解释规则。但我们缺乏这样的规则：通常在类比的基础上进行，注意过去和现在案件的相似之处是其特点；但根据什么法律标准来判定某些相似点是相关的，而另一些则不相关，尚不清楚。对于从判例中提取规则应该是严格的（从而紧紧抓住案件事实，这是试图将一个裁决限制在事实之内的光荣实践）还是大致的（从而形成一个更抽象的规则，这是试图阐明一个将指导未来案件的普遍原则的光荣实践），没有达成法律共识。[16]在某种程度上，当从法规中提取法律规则时，我们面对（如2.4）的问题是如何处理语言不可避免的模糊性：从法律上的光荣传统来看，说话人的意思、听众的意思、共同体的意思等，可以用来作出裁决。当然，人们也将不得不面对这样的问题：处理似乎相互冲突的先例的限度（extent），以及如何解释法规与先例之间、法规与法规之间的冲突。

现实主义的观点是，法律的渊源并不是自我解释的，而法律实践中被视为苍白的解释标准并不足以裁决上诉案件中的真实争议。因此，法律在这种程度上是不确定的：法律渊源不足以裁决法律问题。如果法官认为他们在这些案件中的裁决是由法律决定的，那么他们就错了。法官的裁决在很大程度上是可预测的，这一事实不能用法律的确定性事实来解释，而源自其他一些事实：可能是社会学的解释，与关于法官的普遍事实和他们通常所属社会阶级的倾向有关；或者可能是个体心理学的解释，与个体法官的偏爱和嗜好有关；或者可能是规范性的解释，与某些裁决的道德正确性有关，以及法官——通常是道德正派的人——在缺乏确定的法律解决方案的情况下，如何被这些裁决所吸引。

我们将在下面研究，如果现实主义者的主张是真实的，我们

第6章 挑战法律　217

应该如何回应。但请注意，这些主张是如何颠覆我们对法官角色的理解的。我在上面论证过，法官的角色是适用法律；在法官的裁决不是法律适用结果的范围内，担任法官角色的人并不依照那个角色作出裁决。如果现实主义者是正确的，那么没有一个上诉法院的法官会根据其作为法官的角色作出裁决。上诉法院的法官根据他们的社会地位、政治立场、道德观点或宗教信仰作出裁决。

美国法律现实主义在 20 世纪上半叶达到全盛时期。但现实主义主题在那个世纪的最后几十年以"批判法学研究"的旗号复兴。显然，批判法学研究是一场批判运动，它对法律实践和教学的各种预设提出了质疑。对于我们的目的来说，重要的是它采取并进一步推进现实主义攻击法律确定性的方式。我们可以用下面的方式来思考这个差异。法律现实主义者满足于在上诉法院进行他们的批判。在他们看来，这就是行动所在，法官声称能够通过具体的法律技术提供解决疑难案件的方案，但解决方案必定来自法外渊源。批判法学研究的倡导者——"批判者"——进一步提出了他们的批判，认为即使在下级法院的日常工作中，法律也充满了不确定性。

有人可能会认为，这显然是一个令人难以置信的假设。因为，如果在上诉法院的分歧事实表明，也许在那一级别法律没有确定性，那么在初审法院大体上达成共识的事实表明，在这一级别法律有很大程度的确定性。批判者们的策略是，在这一级别的大体共识不是法律渊源确定性的结果，而是以其他方式解释的。因为所有出现在上诉法院的不确定性渊源都出现在初审法院：我们可以从一些先例中提取出相互矛盾的原则；我们可以类比，或拒绝类比，而无需以一种合法审慎的方式在其中进行选择；我们有可以从不同角度解读的法规，也有可以考虑不同利益的法规；等等。因此，不确定性为何不应该在这个级别普遍存在，这一点并不明显。那么，我们该如何解释这一大体共识呢？不是通过法律渊源的确定性，而是通过这样一个事实，即法官们有共同的、实质性的、法外的理解——对社会稳定优先，对自己裁决的权威性，对财产的不可侵犯性，对正确的夫妻关系、亲子关系、陌生人关系，等等，有共同的道德/政治观点。[17]对于那些认同这些法律之外的共识的人来说，法律似乎是非常清晰的。但对于那些不认同这些共识的人——对于那些希望把这些共识视为不合理、误导或压迫性的人——法律是否要求这些结果就不那么清楚了；法官的裁决表现为法外价值的引入，显然是一种选择的产物，而不是法律本身决定的。[18]

批判者们根据他们的观点得出了一个结论，口号是"法律就是政治"，我们可以从立法者和法官的角色来勾勒出这个结论。在批判者看来，立法者的立法角色（政治）与法官的适用法律角色（法律）并没有明确的界限。在这两种情况下，作出的决定可能不受先前规则的约束，而可能只是立法者/法官自身价值承诺的产物。正如我们在上文（2.4）中所承认的那样，法律漏洞的存在要求那些担任法官角色的人确定法律尚未解决的问题，以便解决需要解决的争议。但如果批判者是对的，那么这是一个典型的而不是非典型的情况：法官在解决纠纷时，不断地将自己的道德和政治愿景强加于人，不管这种愿景是独特的，还是与志同道合法官的共识。立法者和法官不是法律制定者和法律适用者，而是在不同的环境和不同的社会约束下起作用的立法者。

现实主义者和批判者都同意这一观点：如果法官不是自欺，那么他们就会认识到，他们并没有发现隐藏在法律中的东西，也没有将已经存在的东西明说出来。相反，他们正在超越已经存在的东西。假设这是真的，我们应该如何看待法官的角色？

回应现实主义者/批判者关于法律不确定性及其对审判角色影响的一种方式，是让法官自觉地和公开地继续做他们无论如何都必须一直在做的事情：基于法外的理由来裁决案件。也就是说，法官应承认在作出裁决时必须在多大程度上考虑法外要素，并主张他们对待某些法外要素的方式是有关的和最终具有决定性的。[19]该建议有两个特点值得评论。其一，根据这种观点，当法官作出的裁决只服务于使压迫性的社会关系永续时，将不再能够声称他们只是在做法律要求的事情。其二，法官应该将他们裁决的真正决定依据公之于众，这样他们就可以在适当的基础上——道德的和政治的——接受审查和批评，而不局限于法律。

对于在法律不确定性条件下的审判问题，"公开做你正私下秘密做的事情"的解决方式承认了它自己的问题。在这方面要提出的最明显的问题是，如果司法裁决实际上不是由既存的法律确定的，而是广泛的司法裁量权的产物，那么臣民应该在何种程度上愿意接受司法裁决作为权威。当然，原则上没有任何东西可以排除规则制定的两个层次，一个是与立法者有关的，另一个是与法官有关的。问题在于，要问在法律确定性的假设下审判实践的哪些特征已经发展起来，并弄清为了理解这一修订后的司法角色概念的权威，这些最近的实践在多大程度上还必须修改。

例如：人们通常认为，立法者应该由人民选举产生，无论所采用的立法观念是客观仁慈还是代表（2.3）。然而法官的特点是：不是选举产生而是任命的，而且通常不是固定任期而是终身任期。如果一个人设想法官的角色是一个专业技术推理者——一个专家，也就是法律推理技术方面的专家——那么他就可以理解这一点。专家们往往不会在一个又一个选举周期中失去他们的专业知识，摆脱选举的压力就是保护法律适用者免受与决定法律内容无关的道德和政治压力。但是，如果有人反对这样一种观点，即审判基本上是一种脱离更广泛的道德和政治思考的技术性法律推理，那么很难理解为什么我们会接受法官是终身任命的司法规则。如果我们认为立法者不应该免受当下的道德和政治压力的影响，那么为什么法官不应该受到同样的压力呢？

有人可能会说，这里的相关比较不是与立法者，而是与官僚——那些在行政机构工作的政府官员，他们根据选举产生的官员授予的职责制定详细的政策。这些官僚在他们的领域拥有专业知识，即使他们是未经选举产生的，也可以证明他们行使有限的立法权力是合理的。但法官的情况是不同的。要说有什么不同的话，法官的专业知识就是法律方面的专业知识。有些法官在其他领域也有专长；也许是经济学、政治学、历史或哲学。但是法官们没有任何专业知识超越了他们所具有的法律能力。我们完全没有理由认为，法官在某种程度上是道德或政治推理方面的专家，他们会在自己的自由裁量权范围内，以哲学王身份证明他们的裁决的合理性。

在法律不确定的情况下，代表司法权威所能提出的最有力的主张就是一种需要：当双方发生纠纷时，我们需要有具有约束力的裁决；依靠各方自己解决问题可能是徒劳的；因此，我们应该听从那些在相关法律方面有专门知识的人，他们可以在法律不能产生确定结果的情况下行使自由裁量权裁判案件。这个观点在许多情况下都成立，但它的效力完全取决于对解决方案的需求有多迫切，以及是否有替代的解决方案比法官的解决方案更容易得到我们的遵从。在合同纠纷双方不同意选择仲裁时，我们应该承认,一个法官有且应有权威就这个案件作出一个有约束力的裁决,即使这个裁决涉及行使实质性的司法自由裁量权。但在一些重大的宪法问题上——至少当裁决不仅对案件的当事人有约束力,而且对立法者和一般的臣民有约束力时——行使司法自由裁量权可能是不正确的。如果不允许争端以更具包容性的方式进行,可能会产生巨大的代价,因为通过作出具有约束力的裁决,法官切断了公民和立法者就如何使法律更具确定性进行商议的可能性。如果对政治社会的日常生活进程进行共同商议是一件好事,那么这种司法自由裁量权的行使表面上就会令人生疑。但是问题在于,对法律不确定性采取一种"一刀切"的反应显然是不正确的:在面对法律不确定性时,不同类型的法律可能需要不同类型的可靠判断。

我们还应该记住,即使是批判者对法律确定性最广泛的攻击,也不清楚其破坏力有多大。批判者的攻击集中在两个方面:首先,法律渊源加上法律解释的规范模式在法律中留下了巨大的不确定性;其次,在某种程度上,这种不确定性不会产生不可预测性,这只是因为法官们在道德和政治上的共同理解。但人们可以简单地指出,法律解释的规范模式很可能理所当然地认为,至少有一部分法官在道德和政治上有共同的理解。故意杀害他人在道德上几乎从来不是正当的,这是一种普遍的道德理解,而且不太可能在短期内被替代,不管人们可能会提出多么普遍的法律批判;这是法官们共同理解的一部分,也影响着人们对故意杀人法律的理解和对杀人理由的审查,因为它是真实的,而且很容易理解。如果存在关于人类利益和我们彼此亏欠什么的普遍真理——事实上通常是普遍共享的,因为它们也是真实的,而且很容易理解;那么人们可能简单认为批判者的观点——如果没有接受这些真理，谋杀的法律是非常不确定的——非常像如下主张：如果人类有像昆虫一样的外骨骼，殴打罪的法律将非常不同。批判者应该去想象人类状况的核心情况，目前还不清楚，为什么我们需要对有着昆虫身体的人或不知道谋杀是错误的人所处的法律世界进行反思，来企图理解我们所处的法律世界。

## 延伸阅读

A. John Simmons, *Moral Principles and Political Obligations*, Princeton, NJ: Princeton University Press, 1979. 该书是捍卫哲学无政府主义的最重要著作之一，它既通俗易懂，又具有哲学上的严肃性。

William A. Edmundson, *Three Anarchical Fallacies*, New York: Cambridge University Press, 1997. 该书虽然受到了西蒙斯理论的很多影响，但对哲学无政府主义的一些所谓含义提出了质疑。

关于无政府主义观点的概述，参见 Richard Sylvan, "Anarchism", in Robert E. Goodin and Philip Pettit (eds.), *A Companion to Contemporary Political Philosophy*, Oxford: Blackwell, 1993, pp. 215-243.

一些重要的无政府主义人物的描述，参见 Paul Avrich, *Anarchist Portraits*, Princeton, NJ: Princeton University Press, 1990.

马克思著作的数量难以彻底弄清；有见地的选辑，参见 *Selected Writings*, ed. David McLellan, 2nd edn, NewYork: Oxford University Press, 2000.

Jonathan Wolff, *Why Read Marx Today?*, Oxford: Oxford University Press, 2002. 该书是关于马克思思想的杰出简明指南。

马克思关于法律观点的概述，参见 Alan Hunt, "Marxist Theory of Law", in Dennis Patterson (ed.), *A Companion to Philosophy of Law and Legal Theory*, Malden, MA: Blackwell Publishers, 1996, pp. 355-366.

关于批判种族理论的阅读，参见 Kimberle Crenshaw, Neil Gotanda, Garry Peller, and Kendall Thomas (eds.), *Critical Race Theory: The Key Writings That Formed the Movement*, New York: New Press, 1995; Richard Delgado and Jean Stefancic (eds.), *Critical Race Theory: The Cutting Edge*, Philadelphia, PA: Temple University Press, 1999.

关于这一运动的概述，参见 Richard Delgado and Jean Stefancic, *Critical Race Theory: An Introduction*, New York: New York University Press, 2001.

关于女权主义法律理论的阅读，参见 Katharine Bartlett and Rosanne Kennedy (eds.), *Feminist Legal Theory*, Boulder, CO: Westview, 1991; Patricia Smith (ed.), *Feminist Jurisprudence*, New York: Oxford University Press, 1993.

女权主义法律思想几个主题的概述论文，参见 Patricia Smith, "Four Themes in Feminist Legal Theory: Difference, Dominance, Domesticity, and Denial", in Martin P. Golding and William A. Edmundson (eds.), *The Blackwell Guide to Philosophy of Law and Legal Theory*, Malden, MA: Blackwell, 2005, pp. 90-104.

William W. Fisher III, Morton J. Horwitz, and Thomas Reed (eds.), *American Legal Realism*, New York: Oxford University Press, 1993. 该书广泛收集了美国法律现实主义者的论文著作。

强烈推荐布莱恩·莱特阐述并捍卫法律现实主义的作品，参见"Legal Realism and Legal Positivism Reconsidered", *Ethics*, 111 (2001), pp. 278-301; "American Legal Realism", in Martin P. Golding and William A. Edmundson (eds.), *The Blackwell Guide to Philosophy of Law and Legal Theory*, Malden, MA: Blackwell, 2005, pp. 50-66.

关于对裁决的批判立场的阐述和辩护，参见 Roberto Unger, *The Critical Legal Studies Movement*, Cambridge, MA: Harvard University Press, 1986; Duncan Kennedy, *A Critique of Adjudication*, Cambridge, MA: Harvard University Press, 1997.

Andrew Altman, *Critical Legal Studies: A Liberal Critique*, Princeton, NJ: Princeton University Press, 1990. 该书对批判者的独特主张，提供了一个同情的解释和一个有力的回应。

## 注　释

1. Robert Paul Wolff, *In Defense of Anarchism*, 2nd edn, Berkeley: University of California Press, 1998（1970年首次出版）, pp. 3-19.
2. Ibid., p. 13.
3. M. B. E. Smith, "Is There a Prima Facie Obligation to Obey the Law?", *Yale Law Journal*, 82 (1973), pp. 950-976; A. John Simmons, *Moral Principles and Political Obligations*, Princeton, NJ: Princeton University Press, 1979; Joseph Raz, *The Authority of Law*, Oxford: Clarendon Press, 1979; Leslie Green, *The Authority of the State*, Oxford: Clarendon Press, 1990.
4. 这两个问题确实很难回答。对此的一种回应，参见 John Finnis, *Natural Law and Natural Rights*, Oxford: Clarendon Press, 1980, pp. 245-252; 另见 Mark C. Murphy, *Natural Law in Jurisprudence and Politics*, New York: Cambridge University Press, 2006, pp. 109-132.
5. 这个观点的一个应用，参见 Raz, *Authority of Law*, pp. 247-248.

6. 他们的代表作，参见 William Godwin, *An Enquiry Concerning Political Justice*, New York: Penguin, 1985（1793 年首次出版）; Pierre‑Joseph Proudhon, *Selected Writings*, ed. Stewart Edwards, trans. Elizabeth Fraser, Garden City, NJ: Anchor, 1969; Mikhail Bakunin, *Bakunin on Anarchy*, ed. Sam Dolgoff, New York: Knopf, 1972; Peter Kropotkin, *Selected Writings on Anarchism and Revolution*, ed. Martin A. Miller, Cambridge, MA: MIT Press, 1970; Emma Goldman, *Anarchism and Other Essays*, New York: Dover, 1969.

7. Karl Marx and Friedrich Engels, "The Communist Manifesto", in *Selected Writings*, ed. David McLellan, 2nd edn, New York: Oxford University Press, 2000, p. 246.

8. Marx, "Preface to A Critique of Political Economy", in *Selected Writings*, p. 425.

9. See W. Page Keeton, *Prosser and Keeton on Torts*, 5th edn, St Paul, MN: West Publishing, 1984, § 80.

10. 注意，例如在巴克利诉法雷奥案 [Buckley v. Valeo, 424 U. S. 1（1976）] 中，美国联邦最高法院驳回了对个人竞选捐款的某些限制，认为这种限制等同于对言论自由的限制，因此是违宪的。人们可能合理声称，这一所谓中立的裁决对言论自由要求的影响显然远非中立：结果是，较不富裕的人对政治进程的影响力甚至被剥夺得更多。

11. *American Booksellers Association v. Hudnut*, 771 F. 2d 323（7th, Cir. 1985）; affirmed（by memorandum）475 U. S. 1001（1986）.

12. Catharine MacKinnon, "Francis Biddle's Sister: Pornography, Civil Rights, and Speech" and "The Sexual Politics of the First Amendment", in *Feminism Unmodified*, Cambridge, MA: Harvard University Press, 1987, pp. 163‑197 and 206‑214.

13. *R. A. V. v. City of St. Paul*, 505 U. S. 377（1991）.

14. Marx, "Moralizing Criticism and Critical Morality", in *Selected Writings*, p. 234. 事实上，马克思可能已经把他自己看作这样的一个人，因为他自信地断言了人类"类存在"的本质，也就是说，为了达到我们的实现，我们不仅仅是作为资产阶级或无产阶级,而是作为人类;参见"Economic and Political Manuscripts", in *Selected Writings*, pp. 89–91.

15. Brian Leiter, "Legal Realism and Legal Positivism Reconsidered", *Ethics*, 111 (2001), pp. 278–301, particularly p. 298.

16. Karl Llewelyn, *The Bramble Bush*, Dobbs Ferry, NY: Oceana, 1973(1930年首次出版), pp. 66–69.

17. See David Kairys, "Legal Reasoning", in David Kairys (ed.), *The Politics of Law*, New York: Pantheon, 1982, p. 15:

> 我们的法官,包括法学院和通常的法律实践,有着共同的背景、社会化和经验,在分类、处理和解决社会和政治冲突方面形成了明确的模式。此外,一些规则和结果在特定的历史背景下是相对没有争议和可预测的,它们不是基于先例或任何其他法律原则,而是基于该背景所具有的广泛的社会和政治假设。

18. 许多例子中的一个,参见 Duncan Kennedy, "Freedom and Constraint in Adjudication", *Journal of Legal Education*, 36 (1986), pp. 518–562.

19. Holmes, "The Path of the Law", *Harvard Law Review*, 10 (1897), pp. 457–478, particularly p. 467;其他方法的区分和讨论,参见 Brian Leiter, "American Legal Realism", in Martin P. Golding and William A. Edmundson (eds.), *The Blackwell Guide to Philosophy of Law and Legal Theory*, Malden, MA: Blackwell, 2005, pp. 50–66, particularly pp. 58–59.

# 索 引

（见本书边码）

actus reus 犯罪行为，113
affirmative defenses 积极抗辩，133, see also excuses；justifications 也见谅解理由、正当理由
aims of law 法的目的
 distinguished from common good 区别于公共利益，81-83
 Mill's account of 密尔的解释，83-88, see also Mill, John Stuart 也见约翰·斯图亚特·密尔
 moralist accounts of 道德主义解释，101-108
 paternalist accounts of 家长式解释，93-97
American legal realism 美国法律现实主义 see legal realism, American analysis, conceptual 美国法律现实主义的概念分析，14-16
 and commonplaces 常识，14-15
 and clear cases 清晰案例，15-16
 importance of 重要，16
anarchism, philosophical 哲学无政府主义，184-190
anarchism, political 政治无政府主义，184、190-191
Anscombe, G. E. M. G. E. M. 安斯库姆，168

Aquinas, Thomas 托马斯·阿奎那，38-44
 on definition of law 论法的定义，38
 on determinations of general principles 论一般原则的确定，40
 on law as rational standard 论作为理性标准的法，38-40
 on morals legislation 论道德立法，100
Aristotle 亚里士多德，1
Armstrong, Lance 兰斯·阿姆斯特朗，5
assumption of risk 承担风险，177-178
attempts, criminal 企图犯罪，139-142
Austin, John 约翰·奥斯丁，17-26、42
 on commands 论命令，17-18、21
 on law's authority 论法的权威，19、22-23
 on law's orientation to the common good 论法的公共利益指向，19-20、23-25
 on law's sociality 论法的社会性，17-18、25
 on obligations 论义务，18
 on sanctions 论刑罚，18
 on sovereignty 论主权，18-19、21-22
authority 权威
 alleged conflict with autonomy 所谓与自主的冲突，184-187
 de facto 事实上的，8

genuine 真正的，8
practical 实践的，7-9
theoretical 理论的，7
authority commonplace 权威常识，6-9
autonomy, good of 自主的利益，87、95-97
　　alleged conflict with authority 所谓与权威的冲突，184-187

Bakhunin, Mikhail 米哈伊尔·巴枯宁，191
Bix, Brian 布莱恩·比克斯，42
*Buckley v. Valeo* 巴克利诉法雷奥案，208 注释 10

Cardozo, Benjamin 本杰明·卡多佐，176
cause, in tort 侵权因果关系
　　"but for"（cause in fact）"必要"原因（事实原因），165-166
　　proximate 直接的，166-169
*Church of the Holy Trinity v. United States* 圣三一教会诉美国一案，71-72
clear cases, and conceptual analysis "清晰案例"的概念分析，15-16
Coase, Ronald 罗纳德·科斯，149-151
common good 公共利益
　　critical race theory challenge to 批判种族理论挑战，197
　　distinguished from the aims of law 区别于法的目的，81-83
　　feminist legal theory challenge to 女权主义法律理论挑战，196-197
　　formally characterized 正式的特征，81
　　idealist account of 理想主义解释，107-108、130
　　Marxist challenge to 马克思主义挑战，192-196、197-198
　　welfarist account of 福利主义解释，87
common good commonplace 公共利益常识，9-11, *see also* common good 也见公共利益
commonplaces 常识
　　and conceptual analysis 概念分析，14-15
　　about law 关于法，4-11
　　as starting point for philosophy 作为哲学的起点，2-3
　　*see also* authority commonplace; common good commonplace; sociality commonplace 也见权威常识、公共利益常识、社会常识
compensation 赔偿，170-174
consent 同意
　　account of obligation to obey the law 解释服从法律的义务，55-57
　　explicit 明确的，55-56
　　tacit 默许的，56-57
crimes 犯罪
　　*actus reus* element of 犯罪行为要素，113
　　distinguished from torts 区别于侵权，146
　　*mens rea* element of 犯罪意图要素，113
critical legal studies 批判法学研究，196、201-203、209 注释 17
critical race theory 批判种族理论，197

damages 损害，147、170-174
　　measurement of 衡量，171-174
　　standard for 标准，170-171
deterrence, general 一般威慑，118
deterrence, specific 特殊威慑，118
discretion, judicial 司法自由裁量权，76-77
discrimination, concept of 歧视概念，74-75
duties of care 注意义务
　　affirmative 积极的，156-158
　　negative 消极的，156
　　and special relationships 特殊关系，158-160

索引　229

Dworkin, Andrea 安德里亚·德沃金, 196-197

Dworkin, Gerald 杰拉德·德沃金, 94-97、103-104

Dworkin, Ronald 罗纳德·德沃金, 32-33、76-77

easy cases 简单案件, 70
epistemology 认识论, 1-3
executioner, role of 行刑人角色, 50-51
exclusive legal positivism, *see* hard positivism 排他性法律实证主义, 见强法律实证主义
excuses 谅解理由, 136-139
    duress 监禁, 138-139
    immaturity 不成熟, 138
    insanity 精神失常, 136-138
experiments in living 生活实验, 87

facts 事实
    evaluative 评价的, 4-5
    nonevaluative 非评价的, 4-5
    objective 客观的, 5
    social 社会的, 4-6
    subjective 主观的, 5
Feinberg, Joel 乔尔·范伯格
    on analysis of punishment 论刑罚分析, 115
    on offensive conduct 论冒犯行为, 90-92
feminist legal theory 女权主义法律理论, 196-197
*Flemming v. Nestor* 弗莱明诉内斯特, 114-115
foreseeability 可预见性, 167-168
Fuller, Lon 朗·富勒, 36-38、41、43-44
    on formal constraints on law 论对法律的形式约束, 37-38

George, Robert 罗伯特·乔治, 105-106
Godwin, William 威廉·戈德温, 191
Goldman, Emma 艾玛·戈德曼, 191
Green, Leslie 莱斯利·格林, 187

Hand, Learned 雷纳德·汉德, 163-165
hard cases 疑难案件, 70
hard positivism 强实证主义, 34-35、36
harm-to-others principle 损害他人原则, 83-90、91-92
    as appealing to what is due to others 诉诸他人, 83-84
    and conduct 行为, 84-87
    and nature of harm 损害性质, 88-89
    qualifications to 资格, 92-94
    and speech 言论, 84、91-92
Hart, H. L. A. H. L. A. 哈特
    on causation 论因果关系, 166-167
    on judicial discretion 论司法自由裁量权, 75
    on law's authority 论法律权威, 30-31
    on law's orientation to the common good 论法律的公共利益指向, 31
    on law's sociality 论法律的社会性, 26-30
    on morals legislation 论道德立法, 102-113
    on the nature of law 论自然法, 26-31、33-34
    on the rule of recognition 论承认规则, 29
    on social rules 论社会规则, 26-28
Holmes, Oliver Wendell 奥利弗·温德尔·霍姆斯, 152、161-162
Honoré, A. M. A. M. 欧诺瑞, 166-167
*Hymowitz v. Eli Lilly* 海默维茨诉礼来公司案, 169

incapacitation 丧失能力, 118

inclusive legal positivism, *see* soft positivism 包容性法律实证主义，见弱法律实证主义

injunctive relief 禁令救济，180 注释 1

insanity defense 精神障碍辩护，136-138
 American Legal Institute rule for 美国法律协会规定，137-139
 M'Naghten rule for 姆纳腾规则，137

intentional torts 故意侵权，175-176

interpretation, legal 法律解释，70-75

judges, basic legal role of 法官的基本法律角色，50、69-79
 American legal realist challenge to 美国法律现实主义挑战，199-201
 critical legal studies challenge to 批判法学研究挑战，201-203
 and interpretation of legal materials 法律材料解读，70-75
 occupancy rules for 任职规则，69-70
 performance rules for 履职规则，70-71、198-199
 and problem of legal indeterminacy 法律不确定性问题，75-77

justifications 正当理由，134-136

Kant, Immanuel 伊曼努尔·康德，123-124、129

knowledge, analysis of 知识分析，14-15

Kropotkin, Peter 彼得·克鲁泡特金，191

lawyer, role of 律师角色，50-51

legal indeterminacy 法律的不确定性，75-77、200-201

legal positivism 法律实证主义
 Austin's version of 奥斯丁版本的，17-26
 defined 确定的，25-26
 hard 强，34-35、36

 Hart's version of 哈特版本的，26-31
 soft 弱，32-34、36

legal realism, American 美国法律现实主义，77、199-201

legislator, basic legal role of 立法者的基本法律角色，50、63-69
 anarchist challenge to 无政府主义挑战，192
 critical race theory challenge to 批判种族理论挑战，197
 feminist legal theory challenge to 女权主义法律理论挑战，196-197
 Marxist challenge to 马克思主义挑战，192-196、197-198
 and objective benevolence 客观仁慈，65-67
 occupancy rules for 任职规则，63
 performance rules for 履职规则，63-65
 reasons to adhere to demands of 遵循要求的理由，68-69
 and representation 代表性，66-67

Leiter, Brian 布莱恩·莱特，200

*lex talionis* 同态复仇，124-125

MacKinnon, Catharine 凯瑟琳·麦金农，196-197

*mala in se* violations of law 本质恶的违法，189

Marmor, Andrei 安德烈·马莫尔，42-43

Marxism 马克思主义，192-196

*mens rea* 犯罪意图，113

Mill, John Stuart 约翰·斯图亚特·密尔
 on the harm-to-others principle 论损害他人原则，83-90、91-92，*see also* harm-to-others principle 也见损害他人原则
 as a utilitarian 作为功利主义者，85

M'Naghten rule 姆纳腾规则，137、145 注

索引 *231*

释 23

morality, critical/positive distinction concerning 批判/实证道德的区别, 101、105-106

morals legislation 道德立法, 98-108
　　coherence of 一致, 98-99
　　Devlin's defense of 德夫林式的辩护, 101-103
　　idealist defense of 理想主义的辩护, 106-108
　　neo-Devlinian defense of 新德夫林式的辩护, 105-106
　　paternalist defense of 家长式的辩护, 103-105

Moore, Michael 迈克尔·摩尔, 129

natural law theory 自然法理论
　　Aquinas's substantive version of 阿奎那的实质自然法, 38-43, see also Aquinas, Thomas 也见托马斯·阿奎那
　　defined 确定的, 36
　　Fuller's procedural version of 富勒的程序自然法, 36-38, see also Fuller, Lon 也见朗·富勒
　　as a label 作为一个标签, 47 注释 27

necessity, as a criminal defense 作为刑事辩护的必要性, 134-136

negligence torts 过失侵权
　　breach element of 违法要素, 147、160-165
　　cause element of 因果关系要素, 147、165-169
　　duty element of 义务要素, 147、155-160
　　loss element of 损失要素, 147、169-170

objective benevolence, as account of legislative role 立法角色的客观仁慈解释, 65-68

obligation to obey the law 服从法律的义务
　　consent account of 同意解释, 55-57
　　consequentialist account of 后果主义解释, 57-58
　　fairness account of 公平解释, 59-62
　　survey argument against 调查论证, 187-188
　　as unnecessary to explain our moral intuitions 无需解释我们的道德自觉, 188-190

offensive conduct 冒犯行为, 89-92

*Palsgraf v. Long Island Railroad* 帕斯格拉夫诉长岛铁路公司案, 176

paternalism 家长式作风, 93-97

Perry, Stephen 斯蒂芬·佩里, 153-154

philosophical anarchism, *see* anarchism, philosophical 哲学无政府主义

pluralism, about sources of political power 政治权力来源的多元主义, 196

police officer, role of 警察角色, 50-51

political anarchism, *see* anarchism, political 政治无政府主义

Posner, Richard 理查德·波斯纳, 151、163-164

prison warden, role of 典狱长角色, 50-51

Proudhon, Pierre 皮埃尔·蒲鲁东, 191

proportionality, between crime and punishment 罪刑相适应, 125-128

punishment 刑罚
　　analysis of 分析 113-115
　　basic problem of 基本问题, 116-117
　　problem about amount of 数额问题, 117
　　problem about target of 目标问题, 117, *see also* retributivist account of punishment; utilitarian account of punishment 也见刑罚的报应主义解释、功利主义

*232* 法哲学基本原理

解释

Rawls, John 约翰·罗尔斯, 59-60、61
Raz, Joseph 约瑟夫·拉兹, 34-35、187
reasonable person standard 理性人标准, 161-165
　　Hand formula for 汉德法则, 163-165
rehabilitation 重新做人, 118
representation, as account of legislative role 立法角色的代表性解释, 66-68
retributivist account of punishment 刑罚的报应主义解释, 122-132
　　criticisms of 批判, 131-132
　　and desert 抛弃, 129-130
　　on excuses 谅解理由, 139
　　and expressing the value of the common good 公共利益价值的体现, 130-131
　　on the point of punishment 刑罚的意义, 128-132
　　on the proper amount of punishment 刑罚的适当数额, 124-128
　　on the proper target of punishment 刑罚的适当目标, 123-124
　　on unsuccessful attempted crimes 犯罪未遂, 141-142
*Riggs v. Palmer* 里格斯诉帕尔默案, 32
Ripstein, Arthur 阿瑟·利普斯坦, 161-162
roles 角色
　　of legal systems 法律制度的, 50-52
　　as partially constituted by occupancy rules 部分由任职规则建构的, 49
　　as partially constituted by performance rules 部分由履职规则建构的, 49
　　*see also* entries for individual legal roles 也可以见"个人法律角色"条目

sanctions 制裁, 18

self-defense, as a criminal defense 作为刑事辩护正当理由的自卫, 134
Simmons, A. John 约翰·A. 西蒙斯, 187
Smith, M. B. E. M. B. E. 史密斯, 187
social rules 社会规则, 27
sociality commonplace 社会常识, 4-6
soft positivism 弱实证主义, 32-34、36
sovereignty 主权, 18-19、21-22
special relationships, and duties of care 特殊关系产生的注意义务, 158-160
strict liability torts 严格责任侵权, 177-179
subject, basic legal role of 臣民的基本法律角色, 50
　　anarchist challenge to 无政府主义挑战, 184-190
　　occupancy rules for 任职规则, 53
　　performance rules for 履职规则, 54
　　reasons to adhere to demands of 遵守命令的理由, 55-62
　　reasons to flout demands of 无视命令的理由, 62-63
　　*see also* obligation to obey the law 也见服从法律的义务
*Summers v. Tice* 萨默斯诉泰斯, 168-169

torts 侵权
　　distinguished from crimes 区别于犯罪, 146
　　economic account of 经济解释, 148-152、154-155
　　justice account of 正义解释, 152-155
　　*see also* intentional torts; negligence torts; strict liability torts 也见故意侵权、过失侵权和严格责任侵权

utilitarian account of punishment 刑罚的功利主义解释, 117-122
　　Bentham's version of 边沁的版本, 117-

索引 *233*

120
criticisms of 批判, 120-122
on excuses 谅解理由, 139
on unsuccessful attempted crimes 犯罪未遂, 141-142
"unholy trinity"（of tort defenses）（侵权辩护的）"邪恶三位一体", 194-195
*United States v. Carroll Towing* 美国诉卡罗尔拖船公司案, 163

Warren, E. Walpole 沃波尔·E. 沃伦, 71-72
Wolfenden Report 沃尔芬登报告, 100-101
Wolff, Robert Paul 罗伯特·保罗·沃尔夫, 184-187

All Rights Reserved. Authorised translation from the English language edition published by John Wiley & Sons Limited. Responsibility for the accuracy of the translation rests solely with The Contemporary World Press and is not the responsibility of John Wiley & Sons Limited. No part of this book may be reproduced in any form without the written permission of the original copyright holder, John Wiley & Sons Limited.

著作权合同登记号　图字：01-2022-6650 号

图书在版编目（CIP）数据

法哲学基本原理／（美）马克·C. 墨菲著；周发财译. -- 北京：当代世界出版社，2024.5
书名原文：Philosophy of Law: The Fundamentals
ISBN 978-7-5090-1456-1

Ⅰ. ①法… Ⅱ. ①马… ②周… Ⅲ. ①法哲学-研究 Ⅳ. ①D90

中国版本图书馆 CIP 数据核字（2022）第 257599 号

| 书　　名： | 法哲学基本原理 |
|---|---|
| 出 品 人： | 李双伍 |
| 监　　制： | 吕　辉 |
| 责任编辑： | 李丽丽 |
| 出版发行： | 当代世界出版社有限公司 |
| 地　　址： | 北京市东城区地安门大街 70-9 号 |
| 邮　　编： | 100009 |
| 邮　　箱： | ddsjchubanshe@163.com |
| 编务电话： | (010) 83907528 |
|  | (010) 83908410 转 806 |
| 发行电话： | (010) 83908410 转 812 |
| 传　　真： | (010) 83908410 转 806 |
| 经　　销： | 新华书店 |
| 印　　刷： | 北京新华印刷有限公司 |
| 开　　本： | 710 毫米×1000 毫米　1/16 |
| 印　　张： | 15.25 |
| 字　　数： | 172 千字 |
| 版　　次： | 2024 年 5 月第 1 版 |
| 印　　次： | 2024 年 5 月第 1 次 |
| 书　　号： | ISBN 978-7-5090-1456-1 |
| 定　　价： | 79.00 元 |

法律顾问：北京市东卫律师事务所　钱汪龙律师团队　（010) 65542827
版权所有，翻印必究；未经许可，不得转载。